Trouver le bon job grâce au Réseau

Les 10 facteurs clés de succès pour trouver un emploi

Groupe Eyrolles
61, bd Saint-Germain
75240 Paris Cedex 05
www.editions-eyrolles.com

ISBN : 978-2-212-53857-1

Hervé BOMMELAER

Trouver le bon job grâce au Réseau

Les 10 facteurs clés de succès pour trouver un emploi

Deuxième édition

Deuxième tirage 2008

EYROLLES

Sommaire

Préface

La 2e édition

Cette nouvelle édition revue et augmentée est la preuve que *Trouver le bon job grâce au Réseau* a trouvé son public.

Le succès de cet ouvrage doit beaucoup au Réseau et à une de ses manifestations bien connues : le bouche-à-oreille. Ce sont effectivement les lecteurs du livre qui en ont été les plus ardents promoteurs. Ce sont ces mêmes personnes qui m'ont permis, au fil de leurs témoignages et de leurs suggestions, d'affiner les techniques que je recommande. Le blog http://hervebommelaer.blogspirit.com dans lequel j'écris régulièrement un billet en est la traduction vivante.

Cette nouvelle édition intègre les derniers développements de l'art du Réseautage, plus particulièrement dans le domaine du Net où les changements sont permanents. Il comprend aussi trois nouveaux « bonus » : le premier concerne les cadres dirigeants pour lesquels l'utilisation du Réseau est incontournable et exige des conseils ciblés ; le deuxième s'adresse aux plus de cinquante ans qui, grâce au *Networking*, peuvent échapper à l'impitoyable et injuste dictature du CV. Enfin, le troisième est destiné aux jeunes diplômés à la recherche d'un premier job. Pour eux, le networking bien mené peut être la voie royale – car peu fréquentée – vers le bon job.

Avant-propos

Cet ouvrage est né d'une demande. À l'issue d'une conférence donnée sur le thème de la bonne utilisation du Réseau en situation de repositionnement professionnel, quelques personnes de l'assistance m'ont demandé comment elles pouvaient approfondir les principes d'action que je venais de leur donner. Or le seul ouvrage que j'aurais pu leur recommander à l'époque était depuis longtemps épuisé. J'ai donc rédigé quelques pages que je leur ai fait parvenir. Au fil du temps, de mon expérience et de mes lectures, je les ai enrichies au point d'en faire un livre. Mes collègues de l'*outplacement* m'ont encouragé et aidé dans cette démarche.

Dans ce livre, j'exprime mes convictions concernant le Réseau (avec un grand R)* – sujet qui me passionne et pour lequel j'œuvre à titre professionnel – et aussi bénévole dans un certain nombre d'associations. Cet ouvrage est le fruit :

- de mon « vécu de candidat », au moment où j'ai choisi de changer de métier ;
- de mon expérience professionnelle de consultant en *outplacement* ;
- des entretiens avec les candidats que j'ai eu le plaisir d'accompagner ou de rencontrer dans leur démarche de *Networking* ;
- de l'étude de la littérature francophone (limitée) et anglo-saxonne (plus riche) sur le sujet ;

- de l'animation de nombreux séminaires Réseau ;
- de mon activité d'animateur de groupes de recherche d'emploi par le Réseau ;
- de mon activité de conférencier sur le sujet devant des auditoires de chercheurs d'emploi ;
- d'une veille presse attentive pour détecter en temps réel les nouvelles idées à expérimenter ;
- de l'interview de nombreux confrères et amis de la profession.

* *Dans les pages qui suivent, j'écris systématiquement Réseau avec un grand R lorsqu'il s'agit du Réseau élargi, c'est-à-dire vos contacts (actuels et futurs) dépassant le cercle restreint de vos relations proches.*

Introduction

Le Réseau offre les plus grandes chances de trouver un nouveau poste

Help!

Environ 75 % des embauches de cadres confirmés sont réalisées grâce au Réseau, et ce chiffre n'est qu'une moyenne. Plus on est haut placé dans la hiérarchie et surtout plus on avance en expérience et en âge, plus ce pourcentage augmente !

Pourtant, la grande majorité des cadres supérieurs en transition professionnelle se précipitent sur les petites annonces et sur Internet, alors que ces outils représentent moins de 20 % de leurs chances de trouver un nouveau poste. D'autres placent leurs espoirs uniquement dans la chasse de têtes tandis que celle-ci n'intervient que pour moins de 5 % des jobs pourvus et que les chasseurs sont payés par leurs clients pour dénicher des cadres en poste, pas pour leur présenter des cadres en repositionnement professionnel !

En d'autres termes, ne pas utiliser le Réseau pour chercher un emploi revient à amputer ses chances de succès des trois quarts ! C'est comme si vous rouliez à 50 km/h sur l'autoroute de l'emploi alors que ceux qui vous doublent sont à 130.

Networking or Not Working

Les Nord-Américains qui utilisent depuis longtemps les techniques de recherche d'un job par le Réseau considèrent que le problème se résume à « Activer le Réseau ou ne pas travailler ». Dans cette formule choc, ils traduisent une réalité du marché de l'emploi du XXIe siècle : le cadre confirmé, qui ne sait pas se servir de cet outil pour sa recherche d'un nouveau poste, est désarmé face au monde du travail moderne où les compétences ne servent à rien si elles ne sont pas communiquées efficacement à des cibles identifiées et réceptives.

Ce n'est pas une raison pour complètement abandonner les autres techniques de recherche d'emploi. Malgré les chiffres en sa faveur, le *Networking* n'est pas la panacée. Il convient bien évidemment de consacrer du temps aux autres méthodes de recherche – chasseurs de têtes, petites annonces, Internet, candidatures spontanées. L'important, c'est d'utiliser tous les moyens disponibles et d'être sur tous les fronts. Mais pour un cadre supérieur ou un dirigeant, il est clair que l'activation du Réseau doit être, et rester, la priorité.

Un *best job* plutôt qu'un job

Les recherches effectuées par Mark Granovetter, dans le cadre de l'université de Harvard et présentées dans son livre, *Getting a job*, ont démontré que les personnes qui avaient trouvé un emploi grâce au *Networking* étaient plus satisfaites de leur job que celles qui étaient passées par les moyens traditionnels (petites annonces et candidatures spontanées). Les professionnels de l'*outplacement* et de la mobilité professionnelle constatent le même phénomène. Passer par le Réseau permet d'aller de façon active et volontaire vers son nouvel emploi, alors que l'utilisation des moyens « classiques » aboutit à attendre passivement l'éventuel nouveau job et souvent à le prendre faute de mieux.

Les mêmes recherches ont montré qu'un travail trouvé par le Réseau déterminait en moyenne un revenu plus élevé de 20 % que celui qu'on obtient par les méthodes traditionnelles. Une étude réalisée par le cabinet Actencia souligne qu'environ les deux tiers des cadres qui ont recours à ce mode de recherche retrouvent un job aussi bien ou mieux payé.

Il existe un autre avantage déterminant dans l'utilisation du *Networking*. Il s'agit de la confiance en soi. En effet, dans une période de chômage qui peut être rapidement déprimante et dévalorisante, le Réseautage est une excellente façon de se remonter le moral dans la mesure où l'on reste actif en rencontrant des professionnels ouverts et plutôt bienveillants.

Dessine-moi un Réseau

Dans le cadre d'une recherche d'emploi, le Réseau est la meilleure technique pour rencontrer des professionnels qui, de contact en contact, vous rapprochent de votre objectif.

C'est un art qu'il convient d'apprendre et de pratiquer. Comme au golf et au tennis, il faut prendre du temps pour connaître les bonnes postures et les bons gestes. Et puis il est essentiel de s'entraîner, s'entraîner et encore s'entraîner.

Activer le Réseau signifie que vous allez rencontrer, en professionnel, d'autres professionnels avec lesquels vous allez échanger des idées, des conseils, des informations. Et parler, le cas échéant, d'opportunités et de pistes de recherche.

De contact en contact veut dire que vous allez rebondir au fil des entretiens sur de nouveaux interlocuteurs et de nouveaux échanges. Vous allez ainsi rencontrer un maximum d'individus. Des personnes professionnellement pertinentes qui, sans le Réseau, seraient restées pour vous de parfaits inconnus.

Cette démarche n'a qu'un seul but : vous rapprocher du job que vous visez et le décrocher. Il s'agit donc de ne pas attendre béatement qu'un emploi vous soit proposé sur un plateau, mais plutôt d'aller vous-même le débusquer là où il se cache.

Comment les entreprises recrutent-elles ?

Généralement, lorsqu'un chef de service a besoin de recruter au sein de son équipe, il commence à en parler autour de lui avant même d'avoir le feu vert de sa DRH. Il préfère en effet sélectionner en priorité des candidats qui lui sont recommandés par des connaissances professionnelles. Qui n'a jamais entendu la question : « Tu ne connaîtrais pas un… qui aurait une dizaine d'années d'expérience » ? Ainsi, quand ce responsable obtient l'accord de sa hiérarchie pour recruter, son choix est souvent déjà arrêté et cela grâce au Réseau.

Si l'opérationnel n'a pas de candidat à proposer, la DRH, à son tour, va privilégier les candidats qu'elle connaît ou qu'on lui a recommandés.

La procédure ainsi décrite n'apparaît pas au grand jour. C'est ce que l'on appelle le « marché caché ». Les spécialistes estiment que ce dernier concerne 80 % des postes pourvus chaque année en France. Jusqu'à maintenant, on n'a pas trouvé mieux que le Réseau pour accéder à cette mine d'or dissimulée au chercheur d'emploi non averti ! Ce n'est donc que si ces différentes démarches en interne – donc invisibles pour l'extérieur – n'ont rien donné, que l'entreprise va se résigner à dépenser de l'argent en passant une annonce ou en faisant appel à un cabinet spécialisé.

Le recrutement par le Réseau relationnel est entré dans les mœurs des entreprises. Au point que certaines sociétés versent une prime à leurs salariés qui leur présentent des candidats de valeur, pour peu que ces derniers soient engagés. Et la cooptation est appelée à se développer car l'entreprise y gagne à tous les niveaux : coûts, rapidité, confidentialité.

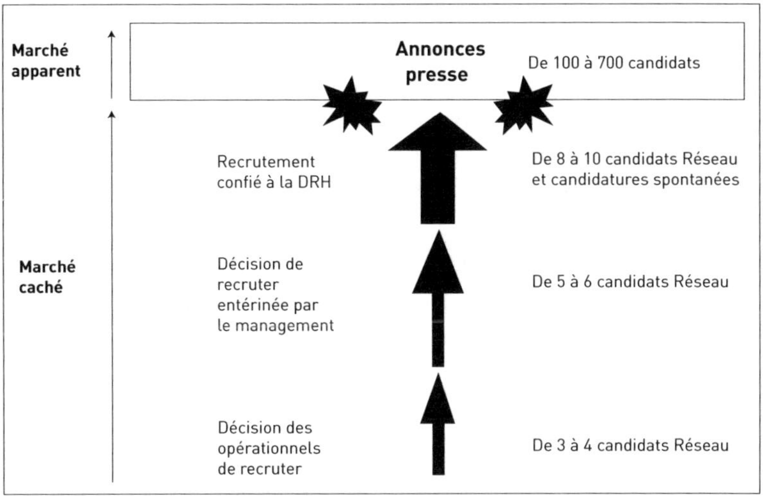

Le schéma du recrutement

Agir plutôt que réagir

Vous avez certainement compris qu'utiliser le Réseau dans sa recherche d'emploi, c'est agir pour trouver le bon job. En d'autres termes, c'est prendre son destin en main plutôt qu'attendre patiemment que l'on vienne vous offrir un poste au moyen d'une annonce presse ou d'un éventuel appel d'un recruteur. Dans le *Networking,* la chance sourit aux opportunistes et aux tenaces. Ce n'est pas une question de hasard, c'est une affaire d'attitude et de comportement. La chance se travaille et se provoque.

Aller chercher son emploi de la sorte vous conduit à prospecter ce fameux « marché caché ». Pour réussir dans ce difficile exercice, il faut changer de posture mentale. Il s 'agit de quitter le rôle du demandeur d'emploi pour entrer dans la peau d'un offreur de service, d'un apporteur de compétences, d'un pourvoyeur de solutions, d'un dénicheur d'opportunités. Pour réussir, il faut agir et faire en sorte que le Réseau se mobilise et œuvre pour vous : aide-toi et le Réseau t'aidera.

Échapper à la dictature du « copié cloné »

En France, les recruteurs appliquent le principe du « copié cloné ». Si vous êtes catalogué dans un métier et un secteur particulier, les processus de recrutement classiques ne vous permettront pas d'en sortir. Si vous répondez à une annonce de recrutement et que vous ne correspondez pas à 85 % à la description de poste, vous n'avez aucune chance d'être convoqué. De même, vous ne serez sélectionné sur une mission d'un chasseur de têtes que si votre profil est parfaitement « dans la plaque ».

Moralité : si vous désirez changer de secteur ou de métier – voire les deux à la fois – oubliez les vecteurs classiques du recrutement. Et surtout ne comptez pas sur votre CV pour vous aider dans cette quête, il ne vous sera d'aucune utilité. Pire, il sera votre pire ennemi !

Pour échapper à la dictature du « copié cloné », il n'existe qu'une solution : l'approche Réseau. Seul le Réseautage vous permet de rencontrer en face-à-face des professionnels à même de vous mettre sur la piste de votre prochain job. Oubliez votre CV, ces deux pages désincarnées qui sont censées vous représenter. En Réseau, c'est votre personnalité et votre discours qui comptent. Peu importe que derrière une rencontre il n'y ait pas un poste immédiatement disponible, l'essentiel est de vous faire connaître auprès du plus grand nombre de personnes dans les entreprises que vous avez préalablement ciblées. Il s'agit de mettre un maximum de lignes à l'eau pour, un jour donné, pêcher le job que vous cherchez.

La moitié des cadres supérieurs n'utilise pas le Réseau dans leur recherche

Chercher un emploi, surtout quand on est au chômage, s'assimile à une vraie compétition. Cela s'apparente à courir une course à pied au milieu d'un peloton de concurrents. Le problème réside dans le fait que vous ne connaissez pas la distance à parcourir. Pour certains, très rares, ce sera un 100 mètres, pour d'autres un 800 ou un 5 000 mètres, voire un marathon. Quelquefois, des petits malins peuvent même placer des haies à franchir sur votre parcours. Si vous voulez gagner, il est préférable de mettre tous les atouts de votre côté pour tenir la distance.

Connaître les règles du Réseautage et bien l'utiliser vous permet d'affronter cette compétition avec plus d'efficacité. Il s'agit de choisir de bonnes chaussures, adaptées à la course à pied, plutôt que de courir en mocassins ou en chaussures de ski. Cela vous confère enfin un avantage concurrentiel déterminant vis-à-vis de vos concurrents. Car plus de la moitié de ces derniers ne fait pas appel au Réseau. Raison de plus pour prendre ce raccourci vers l'emploi et chercher un job là où les autres ne sont pas.

Parmi les utilisateurs du Réseau combien agissent efficacement ?

Au cours des interventions sur le *Networking* que j'effectue régulièrement devant des auditoires variés, je constate combien les cadres en situation de « transition professionnelle » sont perdus au moment de réseauter. Pire, certains croient savoir comment activer le Réseau pour aboutir à leur objectif alors que le plus souvent ils ont « tout faux ». Non seulement, ils vont perdre leur temps et connaître un échec cuisant, mais surtout ils risquent de rapidement se démoraliser en essuyant des refus répétés.

Je me souviens ainsi de cette candidate qui me disait : « *Ça y est, je suis arrivée au bout de mon réseau relationnel et cela n'a rien donné* ». Et de cet autre candidat, directeur financier, qui me confiait qu'il avait épuisé le sien. Les deux n'avaient pas compris que ce n'est pas son propre réseau qui donne les meilleurs résultats, mais celui que l'on va se constituer au cours de sa recherche et que, dans cette configuration, le Réseau est inépuisable ! Encore faut-il savoir comment l'activer, le développer, le fidéliser et ne pas le lasser. Parmi les cadres qui utilisent cette démarche, on estime que 15 % le font efficacement. Ce qui équivaut à 7 % des cadres en recherche d'emploi. À vous de décider maintenant, si vous voulez faire partie de cette élite ou rester avec la masse des non-initiés.

Trouver un nouveau et un plus gros fromage

Dans son livre *Qui a piqué mon fromage ?,* Spencer Johnson raconte de façon originale pourquoi la capacité d'adaptation au changement est cruciale pour réussir. Ses quatre héros constatent un beau jour avec consternation que le fromage qui leur assurait la subsistance et la sécurité a subitement disparu. Les protagonistes de l'histoire sont atterrés devant un tel drame et essayent vainement de comprendre. Chacun réagit différemment : il y a celui qui attend que le fromage revienne tout seul, celui qui se décourage et ne croit plus en rien, celui qui s'active dans tous les sens et puis celui qui réfléchit et agit avec détermination. Devinez lequel s'en sort le mieux ?

La fable narrée par Spencer Johnson s'applique parfaitement à la recherche d'emploi par le Réseau. Pour beaucoup de cadres, cela paraît – du moins à première vue – inconfortable, humiliant, complexe, illogique et chronophage, d'utiliser cette technique. Cela leur impose de casser leur système de croyances et de remettre en cause l'image qu'ils ont d'eux-mêmes. Mais comme l'objectif est bien de retrouver un nouveau fromage, il est évident que ce dernier ne va réapparaître par miracle. En d'autres termes, vous n'allez pas trouver du jour au lendemain exactement le même job que celui que vous avez perdu. Il ne va pas vous tomber du ciel tandis que vous êtes tranquillement assis en train de regarder l'inspecteur Derrick à la télévision. C'est à vous d'aller le chercher et, pour cela, il convient d'utiliser le moyen le plus efficace pour le détecter.

Comme le souligne Spencer Johnson, il s'agit bien de « reprendre son destin en main, plutôt que le subir ». Le Réseau consiste à dénicher un emploi encore invisible avant qu'il ne devienne visible. Tant que le job n'est pas apparent, peu de candidats sont au courant et la compétition est réduite. Les chances de le décrocher sont donc importantes et augmentent si, grâce à une recommandation, un entretien informel avec le recruteur peut avoir lieu. Le jour où l'emploi devient public et apparaît au grand jour, tout change : c'est la ruée des CV et autres lettres de motivation et le candidat est noyé dans la masse.

Petite décision, grandes conséquences

Utiliser le Réseau dans le cadre de sa recherche d'emploi requiert d'en connaître le mode d'emploi et l'esprit, mais surtout d'être actif. Il est clair que les personnalités dynamiques, positives, ouvertes et au contact facile sont avantagées. Cela dit, la simple décision de bien utiliser cet outil va faciliter, accélérer et rendre passionnante la quête d'un nouveau job.

La maîtrise de ce processus peut aussi avoir de grandes conséquences pour la suite de votre vie professionnelle. Retenez bien ce que vous allez apprendre et expérimenter dans votre approche du Réseau. La décision de vous lancer aujourd'hui dans cette aventure peut avoir de grandes conséquences pour votre avenir. Non seulement parce que vous allez, je l'espère, retrouver un nouveau job conforme à vos vœux, mais surtout parce que vous allez découvrir un outil qui vous servira tout au long de votre carrière. Beaucoup de candidats, que j'ai accompagnés ou croisés, m'ont confié, une fois en poste, combien leur apprentissage du *Networking* et de ses techniques leur était utile quotidiennement dans leur nouvelle vie professionnelle.

Les secrets de la réussite grâce au Réseau

Mon activité dans l'accompagnement professionnel et les ateliers Réseau, que j'ai suivis ou animés, m'ont permis de bien comprendre et surtout d'expérimenter sur le terrain les meilleures pratiques dans ce domaine. J'ai aussi interviewé beaucoup de spécialistes de l'*outplacement* et du *Networking*. Ils m'ont aidé à faire le tri entre l'essentiel et les fausses bonnes idées. Leurs conseils et leurs commentaires m'ont été précieux pour rédiger cet ouvrage.

Ce travail, fondé sur l'enquête et l'expérience, me permet de vous proposer aujourd'hui un outil simple et efficace pour trouver plus qu'un simple job : l'emploi que vous visez. Les candidats qui ont suivi ces principes se félicitent d'avoir croisé la route du Réseau et constituent aujourd'hui les meilleurs ambassadeurs de cette technique de recherche d'emploi. Pour ma part, j'ai pris conscience de la puissance de cette approche et j'y consacre toute mon énergie à en faire bénéficier le plus grand nombre. Activer efficacement le Réseau permet de mettre en marche une formidable mécanique qui vous emmène vers l'emploi que vous visez.

Comment bien utiliser ce livre

Cet ouvrage est divisé en trois parties.

La première partie présente et explique les dix facteurs clés de succès du repositionnement professionnel *via* le Réseau. Elle constitue le socle de votre réflexion et de votre action. Ces pages sont incontournables pour comprendre comment utiliser efficacement cette démarche et atteindre votre but.

La deuxième partie concerne les bonus. Elle permet d'approfondir votre connaissance de cet outil. Elle est d'autant plus intéressante à consulter que vous avez déjà bien compris et intégré les dix facteurs de succès. Elle vous autorise à passer d'un niveau maîtrise en *Networking* au stade du doctorat.

La troisième partie du livre représente une boîte à outils, dans laquelle vous trouverez tout ce qui vous sera utile dans votre activation quotidienne du Réseau. C'est à vous d'aller y puiser, en fonction de vos besoins. Pour compléter le tout, j'ai ajouté quelques tests d'auto-évaluation.

Enfin, la bibliographie, indispensable, dépasse le cadre du Réseau. Elle comporte des ouvrages permettant d'approfondir de nombreux sujets liés à la pratique du *Networking*, à la communication et aux relations humaines.

Partie 1

Les dix facteurs clés de succès de l'activation du Réseau

Facteur de succès n°1

Intégrez les règles du jeu

Surmontez les freins au Réseau

Il existe beaucoup de raisons pour ne pas utiliser le Réseau : ne pas comprendre ce qu'il peut apporter dans une démarche de recherche d'emploi ; ne pas en connaître le mode d'emploi ; manquer de confiance en soi ; avoir reçu une éducation centrée autour du sempiternel : « On ne demande pas aux autres » ; ne pas vouloir être redevable ; avoir une fierté mal placée ; redouter la nouveauté.

Dans les séminaires des cabinets d'*outplacement* sur le *Networking*, les consultants se heurtent très souvent à ce type de croyance. Tout le travail avec les participants se résume alors à :

- lister les peurs, les inquiétudes, les raisons de ne pas utiliser le Réseau ;
- faire comprendre aux membres du groupe, au moyen d'exemples tirés de leurs vies personnelle et professionnelle, que tout le monde utilise le Réseau ou l'a déjà utilisé avec succès dans la vie quotidienne.

Pour cela, on demande aux personnes présentes de réfléchir comment elles ont cherché et trouvé leur appartement, leur plombier, leur peintre, leur voiture d'occasion, leurs trois derniers jobs, une école pour les enfants, leur médecin, leur dentiste, leur ostéopathe, leur kinésithérapeute, etc. Tout le monde comprend aussitôt que « le Réseau, c'est la vie », dans la mesure où nous y faisons tous appel régulièrement et spontanément pour obtenir une information, un conseil ou un nom d'un professionnel, auprès de quelqu'un à qui nous faisons confiance.

Cette prise de conscience est indispensable pour faire comprendre que tout le monde utilise cette approche, sans forcément s'en rendre compte, et que sa transposition dans la vie professionnelle ne pose pas de problèmes de principe, au contraire. Il faut bien voir que cette démarche n'est pas une chose mystérieuse et honteuse, dissimulée aux yeux des honnêtes gens. C'est seulement une façon d'entrer en contact avec d'autres personnes, dans un but précis. Utiliser le Réseau ne présente pas de danger si c'est bien fait. Le plus grand risque, c'est de ne pas y faire appel sous des prétextes relevant plus de la croyance erronée que de la connaissance de la réalité !

Comme le dit fort justement John C. Maxwell, auteur de *Penser pour changer* : *« Une des raisons pour lesquelles les gens ne réalisent pas leurs rêves, c'est qu'ils souhaitent changer leurs résultats sans avoir à changer leur mode de pensée. »*

J'ai listé, dans la partie 3, les principaux freins évoqués par les candidats interrogés sur ce thème dans le cadre d'une recherche d'emploi. Vous pouvez vous y reporter, si vous voulez approfondir la question.

Les erreurs du débutant

Aborder le *Networking* sans en connaître les règles du jeu, c'est aller droit à l'échec. En procédant ainsi, vous risquez de « griller » des contacts utiles et surtout de perdre un temps précieux. Quelques candidats ont la fâcheuse habitude de se précipiter sur leur Réseau dès l'annonce de leur licenciement. Ils appellent leurs amis, leurs contacts professionnels proches. Et, le plus souvent, ils accumulent en peu de temps les principales erreurs à ne pas commettre.

Première erreur : ils sont encore en phase de colère ou de deuil de leur précédente entreprise. De ce fait, ils ne sont pas tournés vers l'avenir. Ils sont fragiles et leurs interlocuteurs le ressentent immédiatement.

Deuxième erreur : ils ne savent pas encore communiquer sur leur objectif professionnel (même si celui-ci est de retrouver exactement le même job qu'avant). Ils ne sont pas prêts, pas crédibles, ils ne donnent pas envie !

Enfin, troisième erreur, ils sont en quête d'un travail comme un clochard quête dans la rue. D'une certaine manière, ils demandent à leurs amis ou relations de réparer l'injustice qui leur a été faite, en leur donnant un emploi à leur mesure !

Or, qui est capable de trouver un job à son meilleur ami ou à une de ses relations ? Dans 99 % des cas, personne !

L'activation du Réseau, dans le cadre d'une recherche d'emploi, est une mécanique de haute précision, alors pas de précipitation intempestive.

La confiance : socle du Réseau

Le bon fonctionnement du Réseau se fonde sur la confiance. Pour recommander à X de rencontrer Y, j'ai besoin d'avoir confiance en X et en Y. On n'envoie dans le Réseau que des personnes dont on peut se porter garant. Il n'y a en effet rien de pire qu'un retour de Réseau qui vous dise : « C'est qui ce clown qui est venu me voir de ta part ? » Personne n'a envie de se mettre son propre réseau à dos, en y faisant circuler des incapables, des incompétents ou des indécis. J'ai aussi besoin d'avoir confiance en Y pour qu'il réserve à X le meilleur accueil. Sinon, je perds la face auprès de X. Donc X me fait a priori aussi confiance pour qu'Y le reçoive. Et Y aussi car je suis censé ne pas lui envoyer n'importe qui puisque, en le recevant, c'est d'abord à moi qu'il rend service ! C'est ce que j'appelle la loi de la « triple confiance » qui s'illustre avec le schéma suivant.

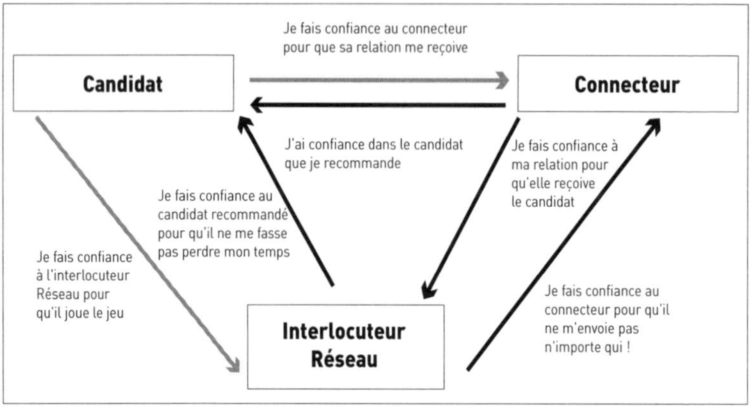

La loi de la triple confiance

Le Réseau, sans pitié, enregistre la moindre erreur. Et lorsque vous avez un retour négatif d'un de vos contacts, la fois suivante, vous essayez de lui envoyer un cador !

Le Réseau, exigeant, n'admet pas l'amateurisme. Avant de vous lancer dans l'aventure, préparez-vous, apprenez les règles du jeu, entraînez-vous et agissez en professionnel car la volonté de réussir ne vaut rien si l'on n'a pas la patience de se préparer. Avant de vous lancer sur un parcours de golf, on vous demande votre handicap. Pour le Réseau, cela devrait être la même chose. Dans les groupes d'échange de contacts que j'anime, je demande que chaque participant ait reçu au minimum une initiation Réseau d'une journée complète. Je peux alors lui faire confiance pour ne pas polluer le groupe et en tirer le maximum. C'est du temps gagné pour tout le monde.

Les valeurs du Réseau

Le Réseau s'appuie sur la confiance. Dans ce domaine particulier, on ne signe pas de contrat, mais on s'engage. Le bon réseauteur n'est pas celui qui a le plus de relations, c'est celui qui sait construire des relations de confiance avec ses interlocuteurs. La réputation est en effet un capital précieux qui va vous permettre d'avancer, rapidement ou non, dans votre repositionnement professionnel. Pour l'entretenir, vous devez respecter un certain nombre de règles élémentaires en matière de politesse, de tact, de discrétion et de réciprocité. La confiance se bâtit sur ce que vous représentez, sur ce que vous faites et sur le respect de vos engagements. Les membres du Réseau ont de l'influence. Ils peuvent vous aider, vous propulser, et vous soutenir. En revanche, ils peuvent aussi vous causer beaucoup de tort si vous ne respectez pas la règle : loyauté, confiance et courtoisie. De plus, ils ont une excellente mémoire et ne pardonnent pas toujours. Le Réseau n'oublie jamais.

Il ne suffit pas d'être droit dans ses bottes et sans défaut pour bien fonctionner dans ce système d'interconnexions. Il faut y développer un état d'esprit particulier, l'esprit Réseau, c'est-à-dire mettre en œuvre les qualités qui distinguent le professionnel de l'amateur. En premier lieu, la générosité, essentielle pour réussir, mais aussi la solidarité, le sens de l'écoute, l'intérêt que l'on porte aux autres et l'empathie. Sans ces qualités humaines, vous serez peut-être un bon « robot » du Réseau, mais vous serez toujours dépassé par ceux qui allient le capital confiance qu'ils inspirent à l'envie qu'ils génèrent autour d'eux. N'essayez pas cependant de vous faire des amies de toutes les personnes que vous croiserez. Faites-vous des relations professionnelles. Soyez aimable, courtois et amical. Mais ne cherchez pas à gagner l'amitié des autres, obtenez simplement leur estime, c'est amplement suffisant.

Un échange gagnant-gagnant

Le Réseau applique des règles spécifiques, qu'il faut bien connaître et assimiler si l'on veut l'utiliser efficacement. D'abord, il faut bien intégrer qu'il ne vous doit rien et ne vous donnera que si vous lui apportez quelque chose en échange. Si vous lui proposez votre colère, votre deuil ou votre sébile, certes, il compatira, mais vous n'obtiendrez rien de lui.

La relation Réseau ne fonctionne que sur le mode donnant-donnant ou mieux encore gagnant-gagnant. L'information constitue le carburant du *Networking*. Activer ce dernier consiste à recueillir de l'information et à en donner. Dans les deux sens. Même si, au départ, l'échange n'est pas forcément équilibré, dites-vous bien que cela peut rapidement évoluer et parfois même s'inverser. La première information que vous allez donner au Réseau, c'est vous et l'objectif que vous avez. Pour atteindre son but en recherche d'emploi, il faut incarner quelque chose de solide, de cohérent, qui donne envie, qui puisse convaincre, séduire et rassurer. Ce quelque chose, c'est vous avec un projet clair et précis, avec une communication bien structurée, avec des cibles bien identifiées et, surtout, avec une attitude positive et tournée vers l'avenir. Comme le dit Stephen R. Covey dans *Les 7 habitudes de ceux qui réussissent tout ce qu'ils entreprennent* : *« Plus vous serez sincère, proactif et engagé, mieux vous pourrez persuader votre interlocuteur. Là, vous maîtriserez vraiment vos relations avec les autres. »*

Donnez avant de recevoir

L'esprit Réseau, c'est d'abord comprendre qu'il faut se mettre dans une posture mentale où l'on donne plus que l'on reçoit.

J'anime régulièrement des réunions d'échange de contacts. Le but de ces rencontres bimensuelles, qui réunissent une vingtaine de cadres supérieurs et dirigeants en recherche d'emploi, est de permettre aux membres du groupe d'échanger des recommandations. Il s'agit de donner aux autres participants le nom de personnes que l'on peut appeler de sa part et récolter en échange des contacts utiles dans le cadre de son objectif de repositionnement professionnel.

À l'issue d'une séance, une nouvelle recrue est venue me trouver pour me dire qu'elle était perdante dans cette histoire car elle avait donné une demi-douzaine de contacts et elle n'avait obtenu, en contrepartie, qu'un malheureux nom... Elle n'avait manifestement pas encore l'esprit Réseau.

C'est une forme de paradoxe. C'est justement quand on a le plus besoin des autres qu'il faut se montrer le plus généreux. C'est un investissement nécessaire à effectuer en termes de temps, de recherches d'informations pour maximiser ses chances de rebondir dans le Réseau et d'être connecté aux bons interlocuteurs. Il faut que ce soit un plaisir de rendre service à quelqu'un, en se disant qu'un jour peut-être ce dernier vous rendra un autre service à son tour. Mais sans obligation de sa part. Comment, par la suite, ne pas être content de rendre service à ceux qui vous ont rendu service et de payer ainsi sa dette ?

Il faut savoir que celui qui donne reçoit de la reconnaissance, ce qui constitue une excellente motivation pour agir. C'est psychologiquement essentiel de se sentir utile, important et influent. Si, en prime, on peut transformer un inconnu en supporter, fan, allié, en quelqu'un qui va penser du bien de vous, pourquoi s'en priver ?

Certains pensent que l'idéal est de ne rien devoir à personne, que les dettes aliènent leur liberté. Erreur ! Ce sont les dettes réciproques qui tissent les liens des personnes entre elles et qui renforcent les réseaux. Un connecteur qui vous reçoit ne le fait pas, au départ, pour vos beaux yeux, mais parce qu'il ne peut le refuser à la personne qui vous envoie. Ensuite, c'est à vous de jouer pour qu'il y trouve du plaisir et de l'intérêt.

Donneurs et profiteurs

Quand on entre dans le Réseau, il faut être prêt à donner. Cela peut paraître paradoxal dans la mesure où l'on sollicite souvent ses membres en pensant que l'on a rien à donner et tout à recevoir. Or, vous ne fonctionnerez efficacement dans le Réseau que si vous êtes prêt à donner ; ce qui devrait, pour certains, déjà les mettre à l'aise par rapport à leur peur d'être en position d'éternel débiteur. Cela veut surtout dire que, en tant que professionnel, vous pouvez aussi, le cas échéant, apporter quelque chose à un autre professionnel. Il suffit de bien garder cette idée en tête et d'être créatif.

En revanche, méfiez-vous des profiteurs. De ceux qui prennent tout, mais qui ne donnent rien en retour. On les repère assez facilement : ils se caractérisent par un empressement et un opportunisme qui sautent immédiatement aux yeux. Ils considèrent le Réseau comme une sorte d'hypermarché du contact gratuit et utilisent leurs interlocuteurs comme des mouchoirs en papier : je m'en sers et je jette. C'est ce que j'appelle faire du « réseau jetable ». Ces nuisibles vous harcèlent pour entrer dans votre cercle de relations. Ils constituent la plaie du *Networking*. Dès que vous croisez un énergumène qui adopte ce comportement de rustre, empressez-vous de l'éjecter de votre entourage !

De professionnel à professionnel

Le Réseau en recherche d'emploi fonctionne parfaitement dans la mesure où l'on se positionne au même niveau que son interlocuteur. En effet, la meilleure façon d'éviter une posture mentale de quémandeur est de se présenter comme un professionnel qui vient échanger des informations avec un autre professionnel. C'est pour cela qu'il est souvent difficile d'être efficace dans cette démarche lorsqu'on sollicite des personnes trop proches. Elles ont du mal à faire abstraction du côté familial ou amical et n'arrivent pas à se concentrer sur votre facette professionnelle. En revanche, avec d'anciennes relations de travail qui ne sont pas devenues des amis proches, il est plus aisé d'être sur un échange purement professionnel, dépourvu de toute perturbation affective.

Le fait de s'inscrire dans cette posture de professionnel à professionnel rend l'approche Réseau plus facile car elle permet de mieux comprendre comment on peut équilibrer et rendre fructueux l'échange avec une personne qui vous reçoit. Si vous avez bien travaillé votre nouveau projet professionnel, vous ne serez pas considéré seulement comme un demandeur de conseils ou de renseignements, mais aussi et surtout comme un apporteur potentiel d'informations métier, marché et secteur. Vous verrez qu'au cours de votre activation Réseau, vous aurez souvent la possibilité de détecter des sujets qui intéressent votre interlocuteur et sur lesquels vous pouvez lui fournir des indications précieuses. C'est dans ces moments-là que vous comprendrez combien vos freins initiaux étaient non fondés et comment, en quelques minutes, lors d'un échange bien préparé, on peut équilibrer une relation avec un interlocuteur, quel qu'il soit.

Tout le monde aime rendre service

À part quelques individus grognons et asociaux, la majorité des individus aime rendre service, parce que c'est gratifiant et valorisant. L'être humain aime se sentir utile. C'est un truisme. Mais comme toute évidence, on a tendance à l'oublier. Rappelez-vous du plaisir ressenti quand une personne que vous aviez rencontrée peu de temps avant revient vers vous pour vous dire : « C'est grâce à vous et à vos conseils que j'ai décroché ce job. »

Quand vous rencontrez un inconnu qui vous donne un peu de son temps, dites-vous bien que cette personne rend un triple service :

- au connecteur qui vous a mis en relation en acceptant de vous recevoir ;
- à vous, en vous prodiguant de bons conseils ;
- à lui-même, en se valorisant.

En moins d'une heure, il crée ainsi une triple satisfaction. Ce qui correspond à un retour sur investissement tout à fait appréciable pour peu qu'il en prenne conscience.

En revanche, s'il refuse l'entretien, il s'expose à une double déception. Il peut accepter de passer pour un mauvais connecteur à vos yeux puisqu'il ne vous connaît pas. En revanche il risque de devoir s'expliquer devant la personne qui a effectué la connexion. Et il lui manquera le plaisir de rendre service, plaisir sacrifié sur l'autel d'un soi-disant agenda trop chargé.

Pour en finir avec le piston

Une bonne fois pour toutes, il faut comprendre que le Réseau n'a rien à voir avec le piston. On pistonne quelqu'un quand on l'impose dans un poste. C'est un acte d'autorité. On ne demande l'avis de personne, on décide seul et l'on attend une exécution rapide de l'ordre donné. La notion de piston est fortement connotée « service militaire » car ce genre de pratique y était courante pour des postes sans grandes qualifications.

Dans l'entreprise, aujourd'hui, le vrai piston est rare. Le recruteur a tout intérêt à engager des collaborateurs en fonction de leurs compétences et de leurs qualités relationnelles, plutôt que vouloir faire plaisir à quelqu'un. Par ailleurs, pour pistonner quelqu'un à un poste important, il faut avoir une position et une influence considérables ! Qui est aujourd'hui capable d'imposer quelqu'un d'incompétent à ses collaborateurs ? Un

P-DG autocrate ? Peut-être, mais en prenant alors un risque pour son entreprise et pour sa propre image, si le pistonné se révèle un incapable congénital.

Pourtant, beaucoup de personnes parlent encore de piston car cette expression cache souvent de la jalousie ou du dépit. Lorsqu'on se retrouve en compétition sur un poste avec d'autres personnes aussi compétentes que soi et qu'on n'est pas choisi, le plus simple est d'invoquer un appui pour expliquer la victoire de son concurrent. C'est classique et humain. Néanmoins, il faut bien remarquer qu'il peut cependant y avoir là une part de vérité. En effet, si deux candidats ont peu ou prou les mêmes compétences et les mêmes qualités, c'est celui qui est recommandé qui va obtenir le poste. Cela ne veut pas dire qu'il est « pistonné » ou imposé, mais que quelqu'un le connaît et, d'une certaine manière, s'en porte garant. Or, dans le cadre d'un recrutement, on préfère prendre un maximum de garanties. Une recommandation est, à ce titre, une excellente assurance de ne pas se tromper dans l'exercice périlleux qui consiste à choisir un collaborateur.

Respectez vos engagements

Dans le Réseau, rien n'est plus important que de tenir ses promesses. Attention ! Lorsqu'on est immergé dans l'activation des contacts, on a tendance à promettre beaucoup de choses. Et à les oublier. Or, si vous vous êtes engagé auprès d'un membre du Réseau, vous devez absolument respecter votre parole. Les gens versatiles brisent une des règles fondamentales du Réseau et risquent d'en subir rapidement les conséquences négatives. On se souvient que la base du *Networking*, c'est la confiance. Il faut donc quotidiennement prouver que l'on est quelqu'un de fiable. Quelqu'un qui réalise ce qu'il a promis de faire. Dans ce domaine les actions pèsent plus que les mots.

En tenant vos promesses vous bâtissez votre réputation et celle-ci sera déterminante pour la suite de votre transition professionnelle. En tant que fidèle pratiquant du *Networking*, je suis extrêmement sensible et attentif aux engagements que prennent les personnes que je reçois à la suite d'une recommandation. Quelqu'un qui ne tient pas ses promesses brise immédiatement la confiance que je lui avais accordée. Concrètement, cela veut dire que si je détecte une opportunité susceptible de l'intéresser, je préfère appeler une autre personne plus fiable à mes yeux.

Tout le monde ne naît pas *networker*

Au risque d'être provocateur, il faut reconnaître que certaines personnes n'arriveront jamais à rien avec le Réseau. Il leur manquera toujours cette tournure d'esprit particulière qui permet de bien utiliser les techniques du « réseautage ». Mais rassurez-vous, ces individus sont peu nombreux et si vous lisez ce livre cela veut dire, a priori, que vous n'en faites pas partie.

Il existe aussi des personnes qui évoluent dans le Réseau comme des poissons dans l'eau. C'est devenu une seconde nature chez eux. Ils ont des carnets d'adresses qui ressemblent à l'annuaire de Paris, ils ont des petits classeurs pour ranger les cartes de visite et connaissent toujours quelqu'un qui...

Votre but n'est pas de ressembler à ces maîtres du *Networking* qui sont tombés, tels Obélix dans la marmite, lorsqu'ils étaient petits. Votre objectif est simplement d'emprunter certaines de leurs techniques éprouvées et de les mettre en pratique pour obtenir le résultat visé. Si vous n'êtes pas un vrai réseauteur, professionnel, commencez par essayer de lui ressembler. Ayez un comportement, une attitude, une discipline d'un professionnel du Réseau. Sachez qu'en phase de recherche d'emploi, il n'y a pas de raccourci ; seul le travail et la persévérance paient.

Facteur de succès n°2

Verrouillez votre projet professionnel

Pas de Réseau sans un projet

Si vous n'avez pas de projet professionnel, surtout n'activez pas le Réseau. Ne lui demandez pas non plus de vous en trouver un. Prenez le temps de verrouiller votre objectif. Investissez du temps dans cette phase. Elle constitue les fondations de votre réussite. Vous pouvez avoir le meilleur réseau personnel possible ou être proche d'excellents connecteurs, vous n'irez pas loin et pas vite sans un projet solide. Vous ferez certes du Réseau mais de façon inefficace et, à terme, désastreuse pour votre confiance en vous et votre moral.

Je vois de nombreux candidats se lancer avec précipitation dans l'activation du Réseau alors que leur objectif n'est pas clair. La sanction est automatique : ils se carbonisent inutilement. Ils produisent une mauvaise impression. Non seulement ils ne donnent pas envie de les aider, mais surtout on ne voit pas comment on pourrait le faire. Plus grave encore, ils font perdre du temps aux interlocuteurs qu'ils rencontrent et ternissent ainsi leur image auprès d'eux.

Trop de projets brouillent votre image

Je participai ainsi il y a quelques années à mon premier groupe d'échange de contacts Réseau. L'exercice réunissait une vingtaine de candidats. Il s'agissait de se présenter en deux minutes en mettant en avant son objectif professionnel. Ensuite, le groupe avait trois minutes pour donner au candidat des contacts assortis d'une recommandation. En milieu de séance, vint le tour d'une candidate. Elle expliqua qu'elle avait trois projets possibles qui étaient à des années-lumière les uns des autres. Le résultat fut évident : elle ne récolta aucun contact, aucune recommandation. Personne n'avait envie de griller son propre réseau en lui faisant rencontrer une personne avec un objectif aussi flou. Elle avait plongé toute l'assistance dans la confusion. Personne n'avait compris ce qu'elle voulait faire. Elle était comme le voyageur qui s'arrête pour demander son chemin et qui ne sait pas dans quelle ville il veut se rendre.

Imaginez quelqu'un qui viendrait vous rencontrer en vous disant qu'il a quatre projets professionnels différents. Même si vous passez quarante-cinq minutes avec lui, à qui allez-vous l'adresser pour la suite de son parcours ? À personne. Vous lui donnerez un avis, mais surtout pas de connexions.

Le Réseau pour valider votre objectif

Le Réseau peut vous servir en amont à choisir un projet par rapport à un autre. À ce stade, il s'agit de valider la cohérence et la faisabilité de vos projets. Prenons l'exemple d'un candidat qui aurait trois projets. Le Réseau peut l'aider à tester ses différents projets auprès d'interlocuteurs choisis avec beaucoup de soin. En période de transition professionnelle, il est tentant et normal de vouloir ouvrir de nouvelles portes et d'envisager de nouvelles opportunités de carrière, voire de métier. C'est un moment où l'on a souvent peur de s'enfermer dans une voie toute tracée. Raison de plus pour bien réfléchir. Vous pouvez le faire et je vous conseille de le faire. Mais en amont !

Travaillez sur ce point capital avec le consultant, le coach ou le mentor qui vous conseille. Vous pouvez évoquer alors vos différents projets professionnels auprès de cet interlocuteur privilégié. Vous pouvez aussi le faire auprès d'un ou deux professionnels des RH (DRH, RRH, recruteurs, etc.) si vous les connaissez bien et s'ils ne sont pas des connecteurs majeurs pour la suite de votre parcours dans le Réseau.

Ne communiquez que sur un seul projet

Mon expérience de consultant en mobilité professionnelle a forgé ma conviction que, pour activer efficacement le Réseau, on ne peut communiquer efficacement que sur un seul objectif. Si vous réalisez un bilan sérieux suivi d'un examen approfondi de vos projets, vous ne devriez retenir qu'un seul objectif prioritaire.

Rien ne vous empêche d'en avoir un second en réserve. Mais lorsque vous êtes en entretien Réseau, n'évoquez que l'un d'entre eux : celui sur lequel votre interlocuteur est le plus à même de vous aider, de vous conseiller et de vous faire rebondir.

L'important, à ce stade, consiste à ne pas griller un interlocuteur, proche de décideurs, qui pourrait être utile. Ne l'embrouillez pas, ne lui faites pas choisir, il n'est pas là pour cela.

Un projet simple et clair

Vous devez simplifier la vie de vos interlocuteurs du Réseau en leur présentant un objectif facilement compréhensible. Les candidats font souvent l'erreur de compliquer leur présentation. Ils sont tellement impliqués dans leur projet et dans les détails, qu'ils construisent une présentation pointue et originale. Mais elle n'est ni limpide, ni immédiatement compréhensible. Or, pour capter l'attention d'une personne qui vous voit pour la première fois et surtout pour l'aider à mémoriser votre objectif, vous devez parler « simple et clair ».

Des formulations comme « facilitateur de mobilité interne », « optimisateur de conduite de projet », « fédérateur d'énergies innovantes », « accoucheur de grandes idées », « révélateur de talents » sont certes séduisantes et créatives mais elles ne disent rien du métier exercé ou visé. Les interlocuteurs que vous rencontrez dans le Réseau ont besoin de repères simples et clairs. Faites donc le plus simple et direct possible !

Un projet réaliste

Il est essentiel que votre projet professionnel corresponde à votre personnalité, vos compétences, votre parcours, votre âge, vos contraintes et vos envies. Si, à première vue, votre objectif actuel de carrière est trop éloigné de certains de ces critères, faites en sorte de trouver les arguments qui redonnent de la cohésion à l'ensemble. Si vous ne le faites pas, vous risquez de connaître le syndrome de l'élastique : on peut le tirer un peu, un peu plus et puis, à un certain point de traction, il se rompt. Vérifiez bien, par exemple, que votre conjoint est d'accord avec votre choix d'évolution professionnelle. Certains candidats se préoccupent trop tard du critère familial et le réveil est souvent douloureux.

Pour valider le réalisme du projet, vos premiers contacts Réseau sont particulièrement importants. Il s'agit de faire valider votre projet par des professionnels et de le peaufiner en fonction de leurs commentaires et suggestions. À vous de bien choisir vos interlocuteurs pour que leur contribution soit productive.

Un projet réalisable

Ce n'est pas tout de verrouiller un objectif réaliste. Encore faut-il qu'il soit réalisable, c'est-à-dire qu'il tienne compte de la réalité du marché. C'est pourquoi il faut prendre du temps pour étudier le marché et valider votre degré d'employabilité sur ce dernier. Cela ne sert à rien de rechercher un poste de mineur de fond dès lors que le dernier puits de charbon sur le territoire français a été fermé en 2003. Dans cette étape d'enquête sur le marché, il convient de passer du temps à se documenter sur le métier et le secteur visés. Utilisez la presse, la littérature spécialisée, Internet, les conférences, etc. En parallèle, il est conseillé de commencer à utiliser le Réseau pour rencontrer des professionnels et glaner auprès d'eux l'information recherchée, mais aussi pour s'habituer à la démarche de « rencontres/information » auprès d'interlocuteurs sans enjeu fort. Les membres du Réseau que vous rencontrez à cette étape de la démarche doivent être soigneusement choisis pour leur capacité à vous donner l'information recherchée. À l'issue de cette étape, vous devriez être en mesure de déterminer le coefficient de faisabilité de votre projet.

Un projet bien communiqué

Vous êtes le maillon fort de votre propre Réseau. Pour être pleinement efficace, il faut apprendre à parler de vous de façon concise, claire, intéressante et convaincante.

Votre objectif est clair dans votre esprit. Parfait ! Maintenant, testez-le auprès de quelques professionnels. Notez soigneusement les critiques, les suggestions d'amélioration, les idées d'optimisation. Corrigez le tir. Travaillez votre discours. Trouvez les mots justes, identifiez les tournures de phrases idéales. Faites-en une œuvre d'art. Pensez « récepteur » et non « émetteur ». L'important, ce n'est pas ce que vous dites mais ce que votre interlocuteur entend, comprend et retient. Pour faciliter cette tâche, je vous conseille d'écrire votre projet professionnel. Faites-en une copie sur un format carte de correspondance et gardez-le sur vous pour le réviser régulièrement. Vous verrez, c'est d'une efficacité remarquable.

Puis répétez, répétez et répétez encore : sous la douche, dans les transports en commun, en marchant dans la rue, en faisant la queue. Répétez en vous enregistrant au magnétophone et en vous filmant. Vous devez pouvoir exposer votre projet en 10 secondes, 30 secondes ou en une minute et jongler avec ces différents formats, en fonction des interlocuteurs et des circonstances. Les Anglo-Saxons appellent cela *« the elevator pitch »* (le pitch de l'ascenseur) : quelques secondes entre deux étages pour faire passer votre message.

Un positionnement clair

Au sein du Réseau, vous aurez peu de temps pour convaincre, rassurer et donner envie. Vous allez vous retrouver en face d'interlocuteurs qui ont une caractéristique commune : un cerveau. Le problème est que leur cerveau est saturé, limité et doté d'une capacité de mémorisation faible. La plupart du temps, ils ne vont pas prendre de notes. Vous êtes un intermède dans leur journée de travail. Ils rendent d'abord service à une relation. Votre objectif est de laisser une empreinte dans leur esprit. Une trace positive. Pour cela, il faut que l'expression de votre positionnement et le message clé qui l'exprime soient d'une clarté absolue.

La simplicité est votre meilleure arme. Pour entrer de façon durable dans l'esprit et dans la mémoire de votre hôte, il faut lui faciliter la tâche en faisant en sorte qu'il se souvienne de l'essentiel. En d'autres termes, il faudrait que quelques jours après vous avoir vu, il puisse parler de vous en moins de cinq mots. Pour que ces derniers s'impriment dans son esprit, demandez-vous quelle valeur vous apportez sur le marché.

Qu'est-ce qui vous différencie ? Quel doit être votre message central dans le cadre de votre campagne de recherche ?

Ensuite, choisissez vos mots clés. Transmettez-les, répétez-les en espérant que le taux de déperdition soit le plus réduit possible. Un conseil à ce stade : méfiez-vous du « toujours plus », cette fâcheuse tendance humaine de vouloir trop en dire. Rappelez-vous qu'en matière de communication : « Moins, c'est plus ». Vos mots clés constituent votre positionnement sur le marché, l'expression de votre différence, le thème récurrent de votre campagne Réseau.

Un projet cohérent

Le fait d'avoir un objectif réaliste, réalisable et communicant permet de créer les conditions du succès de votre démarche Réseau. Préparer son projet est une phase que beaucoup de candidats négligent, tant ils sont pressés de se mettre en action. Le temps qu'ils croient gagner ainsi se transforme souvent en occasions perdues, en pistes gâchées et en contacts irrémédiablement grillés, car ce qu'ils présentent au Réseau n'est pas cohérent. Un projet mal ficelé ou peu convaincant conduit à l'échec.

Les professionnels de l'*outplacement* sont extrêmement vigilants sur cette question. Ils ont raison. Quand un candidat ne sait pas clairement ce qu'il veut faire, il doit effectuer un bilan professionnel lui permettant de construire un projet solide. Ce n'est qu'à partir de ce socle que l'activation Réseau peut commencer.

Une offre de service et de compétences

Un projet doit être compris comme une offre. La recherche d'emploi ne consiste pas à trouver une entreprise qui vous accueille, mais à faire connaître aux bonnes personnes les services et les compétences qui peuvent répondre efficacement aux besoins de l'employeur. Le Réseau est un moyen efficace pour repérer ces pourvoyeurs d'emploi potentiels, les approcher en direct et les rencontrer.

Ce que vous offrez comme compétences doit donc être lisible et compréhensible par tous vos interlocuteurs du Réseau. Là encore il faut se méfier du jargon de votre métier. À vous de vous adapter à votre interlocuteur. Si vous êtes devant un opérationnel, vous pouvez utiliser quelques termes techniques. Vérifiez bien qu'il partage la même terminologie que vous. Si vous êtes en présence de fonctionnels, rendez votre discours intelligible, simple et limpide.

Un projet dans lequel vous vous projetez

Pour être crédible, il faut être convaincant. Et pour être convaincant, il est nécessaire de croire en son projet, il faut se projeter en lui. La conviction qui vous habite doit être palpable, elle doit se communiquer aux autres et susciter un enthousiasme communicatif. Pour convaincre un interlocuteur, il s'agit d'adopter une attitude mentale positive et d'occulter les croyances handicapantes. Le changement n'est pas forcément néfaste. C'est souvent même un excellent moteur pour progresser. Rien ne vous empêche d'avoir confiance en l'avenir. Si ce n'est pas encore le cas, faites comme si.

Qui suis-je, qu'est-ce que j'incarne, qu'est-ce que j'apporte, qu'est-ce qui me différencie ? Il faut avoir bien cerné ces questions avant de vous lancer. Lorsque vous vous sentirez prêt, allez-y. Voici un conseil qui peut vous aider : projetez-vous positivement dans l'avenir. Imaginez-vous dans votre nouveau job. Pensez que vous êtes en train de réussir. Notez alors votre état d'esprit, votre attitude, votre niveau d'énergie. Vous constaterez que vous êtes une personne différente, quelqu'un de plus sûr de lui et de rayonnant. Maintenant, l'exercice consiste à adopter cette posture mentale lorsque vous êtes en activation Réseau. Si vous n'y arrivez pas seul, n'hésitez pas à faire appel à une aide extérieure : sophrologie, training autogène ou même hypnothérapie.

Vous êtes votre projet

Votre projet est primordial dans votre réussite Réseau. Il doit répondre aux différents critères listés plus haut. Il doit être, dans la mesure du possible, enthousiasmant ou, plus exactement, c'est vous qui devez être enthousiaste en le présentant. Il doit s'appuyer sur vos compétences, vos réalisations et contribuer à la réputation (*via* un bouche-à-oreille maîtrisé) qui vous accompagnera dans votre voyage au sein du Réseau. Il doit être « marketé » pour donner envie et être bien mémorisé. Il doit donc vous rendre attractif.

Vous devez être habité par votre objectif. À travers votre apparence, votre présentation et votre discours, tout doit concourir à son succès. Vous devez savoir en parler en toutes circonstances et devant tout type d'auditoire. Cela peut, a priori, vous sembler simpliste mais dites-vous bien que les gens ne retiennent que les choses les plus simples et qu'il faut pour cela qu'elles soient clairement exprimées et soigneusement répétées. N'oublions pas que dire ce à quoi on veut aboutir est encore le meilleur moyen de l'obtenir.

Facteur de succès n°3

Déterminez des cibles précises

Pas de Réseau sans cibles

Le Réseau, c'est comme la conquête de l'espace. Si vous n'avez pas choisi la planète sur laquelle vous voulez aller, vous errerez pendant des années dans la galaxie sans jamais vous poser. Vous ferez un beau voyage, fort intéressant, mais vous finirez par tourner en rond et vous lasser. Si vous ne savez pas où vous voulez aller, personne ne pourra vous donner les bonnes connexions. Il n'y a de bons vents que pour les marins qui connaissent leur port d'arrivée.

Une fois que votre projet est verrouillé, il faut réfléchir à vos cibles prioritaires. Elles sont absolument nécessaires pour faire aboutir votre démarche car elles vous permettent d'imaginer concrètement où vous pouvez exercer votre futur métier. Et surtout, elles vous aident à mieux communiquer auprès de vos interlocuteurs, à être plus précis sur les personnes et les entreprises que vous souhaitez rencontrer et donc à atteindre votre objectif plus rapidement.

Des cibles claires et accessibles

Le Réseau, c'est une affaire de balistique. Quelques millimètres d'écart au moment de viser, ce sont des mètres de distance par rapport à votre cible à l'arrivée. Il n'y a donc pas de place pour l'à peu près.

À vous de déterminer vos cibles prioritaires, qui doivent correspondre non seulement à vos aspirations, à vos contraintes mais aussi à la réalité du marché. Cela ne sert à rien de viser un cabinet d'audit, si vous n'avez pas le bon bagage ou le bon âge.

L'important, c'est de déterminer d'abord le secteur – ou les secteurs – que vous désirez attaquer. Puis passez aux sociétés elles-mêmes, écrivez leur nom et établissez une liste. Celle-ci vous servira à focaliser votre recherche d'information sur un cœur de cible précis.

Dans une phase initiale, le Réseau peut servir non seulement pour affiner le projet, mais aussi pour déterminer une première liste de cibles. C'est le moment de bénéficier des conseils et des idées de vos premiers interlocuteurs pour affûter votre ciblage. Au fil du temps, votre liste de cibles doit évoluer en fonction de votre progression. Des noms disparaissent, d'autres apparaissent en fonction des rencontres et des entretiens Réseau. C'est la règle et c'est un signe de bon fonctionnement. Cependant, cibler demande un vrai travail de recherche. On reconnaît le bon réseauteur à la qualité de sa sélection d'entreprises. Le paresseux se contente de cibles connues, évidentes, classiques ou banales. Le candidat sérieux se distingue par la variété apparente de celles-ci, par leur cohérence et surtout par la façon dont il peut expliquer ses choix et le tri qu'il a effectué.

Des cibles renseignées

Identifier des cibles précises est une étape indispensable, mais insuffisante. Si vous voulez être professionnel et efficace, il vous faut réunir un maximum de renseignements sur celles-ci.

Beaucoup de candidats ne font pas cet effort et les résultats de leur démarche de repositionnement professionnel en pâtissent. Il est en effet facile d'établir une liste de cibles en mettant les vingt principales sociétés du Cac 40. C'est le choix du cancre. Ainsi, par exemple, lorsque je rencontre un chercheur d'emploi qui me cite Thales comme étant l'une de ses cibles, je lui demande : « *Quelle entité chez Thales ?* ». La plupart du temps, il n'a pas fait le minimum de travail de recherche sur ce groupe. Il ne sait pas que Thales est une nébuleuse de sociétés spécialisées comme TSS, TTS, TIS, TAD, TAS, etc.

Alors, faites votre « travail à la maison » d'abord. Identifiez quinze ou vingt sociétés qui vous intéressent. Menez l'enquête. Faites un travail de préparation en profondeur. Apprenez un maximum sur la société, ses hommes, ses produits, son marché, ses concurrents et ses perspectives. Cela doit vous aider pour activer le Réseau et y être crédible. Lorsque vous serez en entretien, ne tombez pas cependant dans le piège de montrer que vous en savez plus que votre hôte. Gardez un minimum d'humilité et de curiosité vis-à-vis de l'information que votre interlocuteur peut vous apporter.

Restez à l'écoute du marché

Comme le dit Jean-Claude Van Damme, « philosophe » acteur, il est primordial de rester *aware,* c'est-à-dire à l'écoute du marché, de ce qui s'y passe, de la façon dont il pourrait évoluer. Le fait de rester en veille permanente permet en effet de repérer à l'avance les entreprises qui, en fonction d'un projet de développement donné ou d'une problématique particulière, pourraient avoir besoin de vos services. Pour cela, il vous faut consacrer une partie de votre temps à lire la presse économique et professionnelle et consulter Internet. C'est aussi une bonne occasion pour acheter quelques livres sur votre métier afin d'enrichir vos réflexions.

Cette curiosité de chaque instant est vite récompensée car elle vous aide à détecter des cibles que vous ne connaissiez pas ou d'autres auxquelles vous ne pensiez pas. Dans la mesure où 80 % des autres compétiteurs restent sur les cibles évidentes, il est logique que ce travail vous confère un avantage concurrentiel déterminant. Autre bénéfice, et non des moindres, le travail d'information et de veille sur le marché vous permet d'être un interlocuteur à forte valeur ajoutée pour les membres du Réseau appelés à vous rencontrer.

Laissez tranquilles les DRH

Si vous ciblez des personnes à rencontrer au sein d'une entreprise, choisissez de préférence les opérationnels. Allez voir les hommes du terrain, ceux qui innovent, ceux qui développent et font avancer le business. Ce sont eux qui, *in fine,* embauchent et personne d'autre. Activer le Réseau consiste à se faire connaître – et reconnaître comme un professionnel compétent – auprès des décideurs sur le terrain. Ce sont les opérationnels qu'il faut séduire et convaincre en premier. C'est avec eux qu'il convient de créer un climat de confiance et nouer des contacts solides.

Ne harcelez pas les DRH, ils ne sont pas les meilleurs pourvoyeurs d'informations. De plus, ils auront du mal à vous considérer comme autre chose qu'un demandeur d'emploi en puissance. Ils risquent de reprendre leurs réflexes de recruteur et de vous faire passer un entretien d'embauche alors qu'il n'y a pas de poste en vue…

Par ailleurs, le DRH est souvent le dernier au courant lorsqu'un besoin de recrutement se dessine au sein d'une société. Il n'est averti qu'en bout de chaîne. C'est au niveau des opérationnels que tout se joue au départ et c'est là que vous devez être.

Enfin, le DRH est submergé de candidatures et de demandes d'entretien par les « réseauteurs amateurs ». Une raison de plus pour les laisser tranquilles.

Lancez-vous des défis

Certaines cibles peuvent vous paraître trop difficiles, voire impossibles, d'accès. Listez-les quand même et relevez le défi de les rencontrer, que cela soit une entreprise ou une personnalité donnée. Si vous en faites un objectif à fort enjeu, vous avez de fortes chances d'y arriver. Le jour où vous réussirez, votre confiance en vous, dans cette phase de repositionnement, sera décuplée. Vous pourrez alors passer à un défi d'un niveau supérieur.

N'hésitez pas à faire comme ce candidat qui, ayant postulé par courrier dans un cabinet de conseil RH renommé, décida de relever le challenge de rencontrer le directeur général qui lui avait adressé une lettre de refus. Un mois et demi après, suite à deux rendez-vous Réseau avec des connecteurs, il se retrouva en face de sa cible. L'entretien se passa si bien que le DG lui demanda de rencontrer le vice-président et le président du cabinet le plus rapidement possible.

Jamais ce candidat tenace n'évoqua la réponse négative qu'il avait reçue suite à sa candidature écrite... C'est la technique de la « porte/fenêtre /vasistas » : quand je ne peux pas entrer par la porte, j'essaye de pénétrer par la fenêtre et quand je n'y arrive pas, je me glisse à l'intérieur par le vasistas. Le Réseau se prête parfaitement à cette approche tactique.

Facteur de succès n°4

Passez de votre réseau direct au Réseau indirect

Dépassez votre réseau direct

Lorsqu'un candidat me dit : « *Je n'ai pas de réseau* », je lui réponds : « *Tant mieux ! Comme cela, vous allez gagner du temps.* » Derrière cette boutade, il y a un fond de vérité.

En effet, ce n'est pas votre réseau direct qui a le plus de chances de vous connecter avec la personne qui, au final, va vous proposer un travail. Son efficacité est inversement proportionnelle à la proximité affective qu'il a avec vous.

Prenons l'exemple de votre meilleur ami. Si vous lui demandez de vous recevoir comme un membre du Réseau, il vous invitera à déjeuner. Il parlera de choses et d'autres et n'abordera qu'à reculons et avec gêne le sujet qui motive votre rencontre. De plus, il risque de se projeter dans votre situation actuelle et de vous plomber le moral. En matière de Réseau, n'attendez pas trop de vos amis proches ou de votre famille. Ils constituent une première étape, mais ils sont ni un but ni un dernier recours. Limiter son activation à ces derniers, c'est faire du « réseau à la papa », c'est-à-dire du *Networking* improductif.

La faiblesse des liens forts

Pourquoi les membres de votre famille et vos amis proches ne sont pas vos principaux alliés ? Pour plusieurs raisons.

D'abord, le plus souvent ils ne travaillent pas dans les secteurs et métiers qui vous intéressent. Ensuite, ils vous connaissent sous un angle privé et ont du mal à intégrer votre dimension professionnelle. Enfin, et surtout, ils ont du mal à vous connecter avec des membres de leur réseau professionnel car ils ont l'impression de vous pistonner, ce qui leur donne le sentiment de prendre un double risque :

- vis-à-vis de vous, car si leur démarche n'aboutit pas, ils perdent la face ;
- vis-à-vis de leur propre réseau car, si vous êtes rejeté, ils perdront des points au sein de celui-ci.

En d'autres termes, votre échec peut leur coûter gros au sein de leur propre réseau et pourrir les relations familiales ou amicales qu'ils ont avec vous !

En conclusion, il faut très rapidement entrer en contact avec les « liens faibles » de votre réseau initial, c'est-à-dire toutes les personnes que vous connaissez un peu et qui vous connaissent aussi et s'arranger pour rebondir rapidement dans le réseau des gens que vous n'avez jamais rencontrés et qui vous recevront grâce à une solide recommandation. Ce sont les membres de ce Réseau indirect qui vous aideront le plus dans votre quête d'un emploi. Dans la mesure où, bien entendu, vous les aurez convaincus par votre professionnalisme et votre personnalité positive. Alors ciblez rapidement hors de votre réseau initial les connecteurs qui pourront vous aider dans votre période de transition professionnelle.

With a little help from my friends

S'il ne faut pas attendre trop de vos proches et de vos amis, ce n'est pas une raison pour les oublier complètement. Ils constituent le premier cercle de votre réseau. En sachant qu'en moyenne, un individu dispose de deux cents à deux cent cinquante contacts, ce serait dommage de se priver de ces connexions potentielles. Mais si vous voulez obtenir un résultat efficace avec eux, respectez les règles suivantes :

- demandez-leur de vous rencontrer dans un cadre de travail (leur bureau) pour un entretien professionnel ;
- soyez très clair sur votre projet, vos cibles et l'objectif de l'entretien ;
- ayez une demande simple qui ne gêne pas votre proche ;
- soyez en forme et détendu pour éviter que l'on ne s'apitoie sur vous, et projetez une image de confiance et de dynamisme.

N'attendez pas de job ou de piste sérieuse de vos proches, mais ne les négligez pas en tant que premiers connecteurs. Plus vous les mettrez à l'aise et en confiance par rapport à votre démarche Réseau, plus ils seront efficaces pour vous. L'une de mes candidates me confiait un jour que son père avait un fabuleux carnet d'adresses et qu'elle ne savait pas comment lui demander des contacts. Nous avons alors travaillé sa communication. Résultat : elle a réussi à lui demander de lui ouvrir son carnet d'adresses en lui expliquant le sens de sa démarche. Elle l'a rassuré sur le fait qu'elle voulait avant tout rencontrer des professionnels pour bénéficier de leurs conseils.

La force des liens faibles

Le sociologue Mark Granovetter, dans son livre *Getting a job,* a étudié les techniques de recherche d'emploi et en a tiré quelques conclusions chiffrées. Il a ainsi observé que plus de 60 % des chercheurs d'emploi (cadres et non cadres) qu'il a suivis ont trouvé un travail grâce au Réseau, c'est-à-dire grâce à une rencontre avec une personne connue ou inconnue. Parmi ceux-ci, 83 % avait obtenu un job par un lien faible, c'est-à-dire *via* une vague connaissance ou une personne inconnue au départ.

À partir de cette constatation, Granovetter a inventé l'expression « la force des liens faibles ». Il explique que les relations superficielles – et la capacité à les créer et à les utiliser – constituent un avantage déterminant dans le succès d'une recherche d'emploi. La pratique quotidienne de l'*outplacement* confirme totalement la loi édictée par Granovetter. Ce concept est fondamental dans l'approche du Réseau. La grande majorité des candidats pense que ce sont les liens forts – famille, amis proches, collègues récents – qui vont être leurs meilleurs alliés dans leur recherche d'emploi. Alors que c'est le contraire !

Comprenez bien que ce n'est pas votre réseau initial de proximité qui va faire la différence, mais votre capacité à développer, vite et bien, un nouveau réseau autour de votre projet et de vos cibles.

La notion de liens faibles

Lorsque les candidats me parlent de la force des liens faibles, je m'aperçois souvent qu'ils ne prennent en compte qu'une partie de cette notion. Certains considèrent qu'il s'agit de tous les inconnus que l'on peut contacter par le Réseau. D'autres pensent que, au contraire, ce sont uniquement les personnes qu'ils connaissent un peu, qu'ils ont rencontrées il y a longtemps ou ponctuellement et qui se souviennent d'eux. En fait, les liens faibles regroupent ces deux catégories d'individus : à la fois les parfaits inconnus que l'on va rencontrer par le Réseau sur sa route vers le prochain emploi et aussi les relations lointaines du passé ou du présent que l'on va activer ou réveiller.

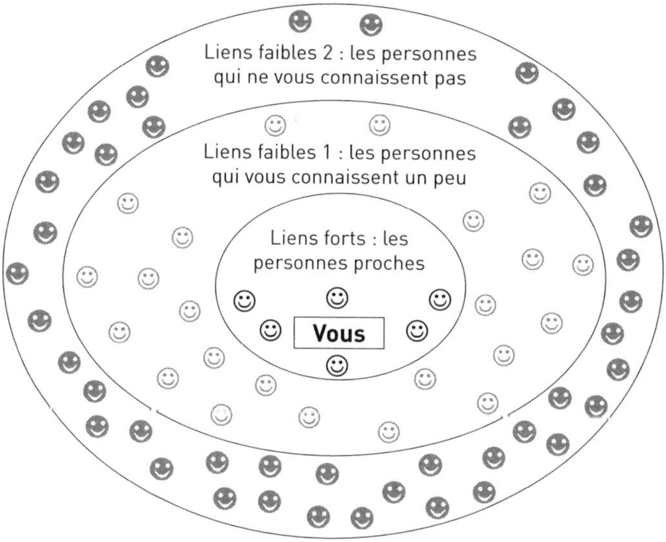

Les deux types de liens faibles

Les relations de mes relations sont…

Les nouveaux candidats pensent qu'activer le Réseau consiste à appeler uniquement les personnes que l'on connaît très bien. On peut le faire et il faut le faire, mais c'est en appelant des personnes que l'on connaît peu et, par extension, des personnes que l'on ne connaît pas directement, que l'on a le plus de chances d'atteindre son but. Pour peu, bien sûr, que l'on respecte les valeurs du Réseau, c'est-à-dire la solidarité, l'échange, la confiance, le respect de l'interlocuteur et de ses compétences.

Beaucoup de candidats considèrent qu'ils ne peuvent pas appeler des inconnus. Mais s'agit-il vraiment d'inconnus ? En effet, est-ce qu'appeler une personne que l'on vous a recommandée signifie contacter un inconnu ? Non. Une telle croyance négative n'est pas seulement une mauvaise appréciation de la réalité, il s'agit d'une idée qui vous empêche d'avancer.

Si votre recommandation est solide, vous appelez un individu qui, a priori, sera prêt à vous accorder de son temps pour rendre service à la personne qui vous a connecté avec lui.

Comment atteindre la cible

Le célèbre chercheur américain de l'université de Yale, Stanley Milgram, a démontré dans les années 1960 que n'importe quel individu était à six contacts maximum de n'importe quel autre individu dans un pays donné. En d'autres termes, quelle que soit la personne que vous voulez rencontrer, vous êtes en moyenne à trois ou quatre connexions de lui. Le concept des « six degrés de séparation », qui fait écho à l'expression « Le monde est petit », a été récemment confirmé par une étude réalisée par Duncan Watts à l'université de Colombia. Watts voulait vérifier si le concept de Milgram s'appliquait aussi à l'outil Internet. L'expérimentation a donné, trente-cinq ans après, exactement les mêmes résultats. Internet n'a rien changé à la loi des six degrés de séparation maximum de Milgram. On peut simplement constater qu'Internet facilite et accélère la mise en contact.

Lorsque j'anime des séminaires sur le Réseau, je demande à la vingtaine de cadres participants de me citer vingt noms d'hommes célèbres français du monde des affaires, de la politique ou du show-business qu'ils aimeraient bien rencontrer. J'écris les noms au tableau, le jeu consiste ensuite à interroger le groupe pour savoir qui peut nous connecter aux différentes célébrités. Nous arrivons toujours à dépasser la barre des 50 % et il n'est pas rare de flirter avec les 80 %. En moyenne, un individu connaît entre 200 et 250 personnes, de ce fait, avec vingt personnes autour d'une table, vous avez directement accès à 4 ou 5 000 personnes environ !

Sachez que vous n'êtes jamais loin de vos cibles, encore faut-il les avoir choisies !

La technique des rebonds successifs

Progresser vers ses cibles en utilisant le Réseau consiste à se servir d'une base étroite pour, au fil des entretiens, rebondir de cercles en cercles. Le schéma ci-dessous montre pourquoi il est indispensable de quitter le premier cercle et de rencontrer des liens faibles pour se rapprocher des cibles identifiées et, par la même, du futur emploi. Il démontre que le fait de rester au niveau de son premier cercle ampute de façon flagrante ses chances de réussir.

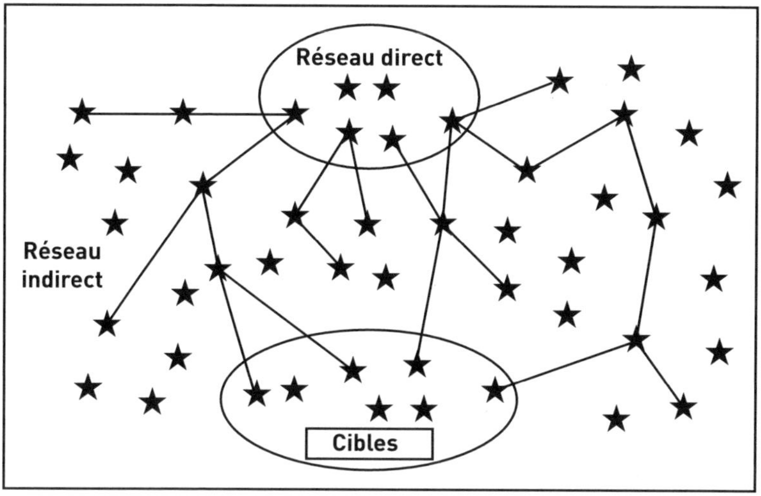

La technique des rebonds Réseau

Repérez les connecteurs

Pour atteindre votre cible sans perdre trop de temps, le mieux est de bien repérer les connecteurs. Ces derniers ont une particularité : ils ont beaucoup de relations, pas des amis proches, des relations. Ils possèdent cette capacité à créer très rapidement des liens avec les personnes qu'ils rencontrent. C'est dans leur nature. Ce ne sont pas des personnes hypocrites, dans la mesure où ils s'intéressent vraiment aux autres. Leur but n'est pas de se constituer un carnet d'adresses pour servir leurs propres intérêts. Ils recherchent les contacts par curiosité, mais aussi pour, le cas échéant, se mettre en position de rendre service. Leur moteur : le plaisir d'avoir présenté X à Y et d'avoir aidé Z dans sa quête d'un job, d'un conseil ou d'un renseignement.

La force des connecteurs réside dans le fait qu'ils peuvent appeler leurs connaissances, même les plus lointaines, sans appréhension ni gêne et que ces dernières leur réservent toujours le meilleur accueil. Ces rois du contact maîtrisent parfaitement les liens faibles. Ils le font naturellement et sans effort. Ce sont eux qui vous appellent « juste comme cela, simplement pour prendre des nouvelles ». Ils se distinguent par une grande capacité d'écoute et de mémorisation, liée au réel intérêt qu'ils portent aux autres. Vous les détecterez facilement du fait même que plusieurs de vos interlocuteurs auront le réflexe de vous envoyer vers eux. Ils ont, enfin, une caractéristique particulière : ils n'attendent pas de reconnaissance de la part des personnes qu'ils aident et ont une grande indulgence vis-à-vis de leurs semblables.

Multipliez les ponts

Le Réseau, c'est avant tout un groupe d'échanges. Plus exactement, ce sont des groupes d'échanges qui peuvent ou non s'entrecroiser. L'objectif est de sortir de son réseau direct, de son groupe de relations habituelles et de jeter des ponts vers d'autres groupes d'échanges plus éloignés, car l'information que vous cherchez se trouve dans ces cercles que, jusque-là, vous n'avez pas approchés.

Multiplier les ponts consiste à entrer en contact et à nouer des relations avec de nouveaux contacts, professionnels ou non. On comprend, à ce stade, combien il est improductif de rester solitaire dans sa recherche d'emploi et de ne compter que sur la petite annonce miracle. Il convient de sortir de sa coquille ou de son ancien cocon. Il faut rester en contact avec le monde du travail, au sens large, et rencontrer un maximum de personnes afin de se rendre visible, lisible et crédible. Cela signifie être à l'écoute du marché et à l'affût de toutes les opportunités de rencontre. Il s'agit surtout de bien communiquer pour faire connaître au plus grand nombre votre projet et vos cibles. Vous ne savez jamais qui pourra vous mettre sur la piste de l'emploi qui se révèlera être le bon.

Cela m'évoque l'histoire de ce candidat qui jouait souvent en double avec le même partenaire. Il a découvert en discutant avec son professeur de tennis que cet équipier était le directeur d'une filiale d'un groupe américain qui faisait partie de ses cibles. Un mois et quelques rendez-vous plus tard, un contrat de travail était signé.

Le syndrome du colonel Nicholson

Si vous avez vu *Le pont de la rivière Kwaï,* vous vous souvenez certainement du colonel Nicholson, interprété par Alec Guiness, dont le régiment a été fait prisonnier par les Japonais. Pour occuper ses hommes en captivité, cet officier britannique accepte de construire le pont à la place de ses geoliers dont les ingénieurs se révèlent incompétents. À la fin du film, quand une équipe de saboteurs alliés vient faire sauter ce pont stratégique, il s'oppose à eux pour les empêcher de détruire son chef-d'œuvre.

Dans l'activation du Réseau, il est très facile d'être frappé par le syndrome du colonel Nicholson, c'est-à-dire de se tromper de combat. L'objectif de votre démarche doit être, certes, de récolter de l'information et d'établir un bon contact avec votre interlocuteur, mais surtout d'obtenir des noms et des recommandations pouvant vous rapprocher de votre but. La manifestation la plus dangereuse du syndrome du colonel Nicholson consiste à « faire du réseau pour faire du réseau », c'est-à-dire d'en faire un passe-temps, une activité à part entière, que j'appelle le « réseau salon de thé ». C'est en effet très agréable de rencontrer des inconnus qui vous accueillent avec bienveillance. Vous pouvez ainsi maximiser le nombre de nouveaux contacts, mais pas forcément le nombre de pistes sérieuses. C'est un problème que rencontrent certains candidats : ils activent bien le Réseau, obtiennent des rendez-vous, mais ne concrétisent pas. En d'autres termes, ils n'obtiennent pas de nouvelles recommandations sur lesquelles rebondir et leur parcours Réseau est improductif. Ils souffrent du syndrome du colonel Nicholson, dans la mesure où ils oublient que leur objectif n° 1 est de susciter de nouveaux contacts et non pas de passer un bon moment avec un autre professionnel.

Le syndrome de l'heure d'arrivée

L'excès inverse existe aussi. Il frappe les impatients, ceux qui sont trop pressés d'arriver. On l'appelle le « syndrome de l'heure d'arrivée ». Vous connaissez certainement ces personnes qui partent en voiture, en décidant de l'heure à laquelle ils arriveront à destination. Ils ont souvent tendance à foncer et à prendre des risques inutiles, simplement pour ne pas « casser la moyenne » ! Ils ne respectent pas de temps de repos et accumulent les conditions favorables pour provoquer un accident et se retrouver à l'hôpital. Dans le Réseau, on peut être frappé par ce syndrome. Les personnes impatientes peuvent considérer que cela ne va pas assez vite et que l'investissement en temps est trop important par rapport aux premiers résultats obtenus. Cela se traduit souvent par une envie de brûler les étapes qui se manifeste par une approche agressive du Réseau. Le candidat veut un retour sur investissement immédiat. Il ne verrouille pas son projet avant de se lancer. Il n'a que quelques cibles ou alors n'en a aucune. Il fait des demandes trop directes, désire ouvertement obtenir un job et non pas des recommandations. Il ne comprend pas que l'activation du Réseau dans le cadre d'une recherche d'emploi est un processus où il faut commencer par semer avant de pouvoir récolter. En se précipitant, en ne respectant pas les étapes, un tel candidat prend de grands risques : risque de se griller, risque de ne pas rebondir, risque de passer à côté d'une piste intéressante, risque de ne pas réussir. Ce syndrome frappe souvent les cadres dirigeants. Ils sont habitués à ce que les choses aillent vite et ont du mal à s'adapter aux mécanismes et au rythme du Réseautage.

Facteur de succès n°5

Utilisez l'arme absolue : la recommandation

La clé de toutes les portes

Le sésame absolu du Réseau, c'est la recommandation. Vous pouvez rencontrer qui vous voulez, si vous bénéficiez d'une bonne recommandation. C'est la clé de toutes les portes, même des mieux verrouillées. C'est elle qui vous permet de passer facilement et rapidement de votre réseau direct au Réseau indirect. Lorsque vous effectuez un « appel froid » auprès d'un inconnu, c'est-à-dire un appel sans recommandation, vous avez une chance sur dix que votre interlocuteur accepte de vous recevoir. En cas d'« appel chaud », vos chances d'être reçu passent à neuf sur dix ! Toute la différence est dans la recommandation ! C'est elle qui rend possible une telle différence dans le résultat de vos appels.

Mais un membre du Réseau ne donne pas de recommandation sans un minimum de contrôle. C'est à vous de le convaincre que vous êtes digne de sa confiance et que vous pouvez rencontrer l'une de ses relations sans le mettre, lui-même, en péril au sein de son propre réseau.

Quand une recommandation n'est pas nécessaire

Au sein de votre réseau direct, la recommandation c'est vous. Vous contactez des personnes que vous connaissez. Vous ne les appelez pas de la part d'une tierce personne. En théorie, c'est censé être facile. Dans la pratique, cela se révèle plus compliqué. D'abord parce que l'on est souvent gêné de déranger des proches pour leur demander de nous recevoir pour parler de recherche d'emploi. On retrouve les freins évoqués plus haut. De plus, nos amis sont eux-mêmes mal à l'aise face à cette situation. Ils mesurent vite leur impuissance à nous aider ou alors essayent de le faire de façon maladroite. En ce qui concerne les proches, n'en attendez pas trop sous peine d'être déçu. Mais n'hésitez pas à les mettre à contribution en tant que connecteurs. Pour cela, il est essentiel de les rencontrer dans un contexte professionnel et de solliciter un entretien dans le cadre de leur bureau. Votre requête doit être claire : ne leur demandez pas de compassion ou un conseil amical, mais plutôt un avis d'expert. Proposez-leur de vous rencontrer à titre professionnel.

Une autre difficulté courante chez beaucoup de candidats consiste à reprendre contact avec des personnes perdues de vue ou brièvement rencontrées. La peur du rejet les conduit en effet à l'inaction. Or, il est indispensable de ne pas les négliger car elles se révèlent souvent efficaces. Le plus grand risque, à ce stade, n'est pas d'être rejeté mais de ne pas les appeler ! Alors pas d'hésitation, contactez-les. Pour vous mettre en confiance, commencez par joindre deux ou trois personnes au contact a priori facile et préparez soigneusement votre présentation. Pour cela, rappelez-vous à leur souvenir de la façon la plus simple, directe et claire possible. Par exemple :

- nous étions ensemble en seconde au lycée Montaigne ;
- vous étiez l'officier responsable de mon peloton au 1er Rama ;

- nous nous sommes connus lors de la troisième année de l'ESSEC.

Si vous craignez qu'il ne se souvienne pas de vous, trouvez un connecteur capable de vous recommander.

N'oubliez pas aussi les personnes du cercle non professionnel. Aucun contact ne doit être négligé. Comme en témoigne ce candidat banquier qui a trouvé un nouveau poste grâce à son kinésithérapeute qui avait pour client son futur employeur.

Pas de fausse recommandation

Certains commerciaux, vendeurs, recruteurs, etc., utilisent de fausses recommandations pour ouvrir des portes bien cadenassées. Ils prétendent être envoyés par une personne qu'ils ne connaissent pas et jouent ainsi sur la crédulité de leur interlocuteur. Cela pourrait être tentant d'utiliser ce type de manipulation pour arriver à ses fins et avancer ainsi dans le Réseau. Quelques opportunistes ne s'en privent pas d'ailleurs. Ce sont les pirates du *Networking*. Ils agissent rapidement, forcent quelques portes puis disparaissent. En tant que pirates, il faut savoir que leur espérance de vie dans le Réseau est limitée.

Bien entendu, je vous déconseille un tel comportement. L'utilisation de cette technique de desperado procède d'une vision à court terme et inintelligente du Réseau qui bafoue le socle même de la démarche : la confiance. Un individu qui ment de la sorte se heurte assez rapidement à la vérité. Dès que son manège est dévoilé, il est condamné à disparaître car, comme nous aimons le répéter : le Réseau pardonne quelquefois, mais n'oublie jamais.

Demandez pour obtenir

Dans la culture judéo-chrétienne, il est de mauvais goût de demander. Cela ne se fait pas. C'est ce que nos parents nous ont appris. Dans le Réseau, cela se fait et cela marche étonnamment bien. Il faut savoir demander des noms et des recommandations car ces derniers ne viendront pas spontanément, sauf si votre interlocuteur est un habitué du Réseautage, ce qui est rarement le cas.

Comme l'enseignait saint Thomas : *« Demandez et il vous sera donné »*. Rappelez-vous que la meilleure façon d'être certain de ne pas obtenir quelque chose, c'est de ne pas le demander. Alors forcez votre caractère, si ce n'est pas dans vos habitudes et rappelez-vous que demander ne vous met pas en position de débiteur mais d'offreur de service en retour. Gardez aussi en mémoire que, en général, les gens aiment rendre service, surtout à quelqu'un qui a été envoyé par un ami ou une relation.

Sachez demander

Dans le Réseau, chaque mot compte. Vous pouvez avoir les meilleures intentions du monde, connaître sur le bout des doigts la règle du jeu, si votre formulation n'est pas parfaitement affûtée, vous risquez l'échec. Quand j'effectue un diagnostic d'activation Réseau, à la demande d'un candidat insatisfait de ses résultats, je repère très souvent un problème de discours. Ainsi, pour susciter des recommandations, il faut éviter une demande du type : *« Connaissez-vous quelqu'un que je pourrais appeler de votre part ? »*. Si vous parlez de « quelqu'un », votre interlocuteur est encouragé à ne vous donner qu'un seul nom alors qu'il pourrait vous en donner plus. Le fait d'évoquer directement le « de votre part » restreint automatiquement son champ d'investigation. Laissez-le d'abord être créatif, ne le bridez pas dans sa recherche de noms. Dites plutôt : *« Voyez-vous d'autres personnes intéressantes à rencontrer dans ma démarche actuelle ? »*. Notez tous les noms donnés, puis procédez au double verrouillage que nous exposerons plus loin.

Autres formulations à éviter : *« Est-ce que vous avez des recommandations à me donner ? »*, *« Qui-puis-je appeler de votre part ? »*,

« Avez-vous des relations que je peux appeler en me recommandant de vous ? », etc. Ces demandes maladroites risquent de braquer et rendre méfiant un interlocuteur qui, jusque-là, appréciait votre présence. Ce sont des formulations qui tuent la relation. Au travers de ce discours trop direct, vous apparaissez comme un chasseur de recommandations et vous cassez le juste équilibre de l'entretien. Entraînez-vous à bien peser vos mots et à effectuer des demandes recevables et efficaces.

Pourquoi les gens rendent-ils service ?

Rendre service est une excellente façon de se valoriser et de prendre conscience de son importance. On ne rend service que si l'on dispose d'un pouvoir, si minime soit-il. On touche là un ressort humain bien connu. L'activation du Réseau est en ce sens un échange positif, dans la mesure où le demandeur récolte l'information dont il a besoin pour avancer et où l'informateur en retire au minimum de la considération et de la reconnaissance.

L'activation réussie du Réseau repose sur cette loi évidente que les gens aiment rendre service et elle introduit un élément complémentaire fondamental : le fait que la personne qui accepte de vous recevoir rend un double service. À vous d'abord. Mais aussi, et c'est un point essentiel, à la personne qui vous envoie. Prenons un exemple : vous m'appelez en demandant à me rencontrer et vous ajoutez que c'est X qui vous a recommandé de m'appeler pour que je vous prodigue des conseils sur votre recherche d'emploi. Du fait même que ce soit X qui vous envoie, je me sens obligé de vous recevoir parce qu'il me le demande comme un service personnel.

Attention aux *name droppers* !

Au cours de votre voyage au pays du Réseau, vous allez parfois trouver sur votre route cet être, souvent charmant et fascinant, que l'on appelle le « *name dropper* » (lâcheur de noms). Il est repérable au fait qu'il va vous donner un maximum de noms en un minimum de temps et que, lorsque vous contacterez ses contacts, ils vous répondront qu'ils ne connaissent pas ce personnage…

Le lâcheur de noms est un fort médiocre réseauteur. Il a surtout une excellente mémoire et un ego démesuré. Il connaît en effet beaucoup de monde, mais peu de monde se souvient de lui. Ne perdez pas votre temps avec ce type d'interlocuteur. Une fois que vous l'avez percé à jour, fuyez-le vite. Le directeur commercial d'une compagnie aérienne nous raconta comment, un jour, il se vit répondre par un interlocuteur cible, joint au téléphone : « *De la part de qui ? Non, je ne connais pas cette personne.* » Dans une telle situation, vous avez intérêt à soigner votre argumentation pour obtenir un rendez-vous malgré ce démarrage calamiteux.

Le double verrouillage de la recommandation

Pour éviter ce genre de problème, il convient d'effectuer systématiquement un double verrouillage des recommandations que l'on vous donne. Il suffit pour cela, une fois que l'on vous a communiqué un nom, de poser deux questions :

- Est-ce que je peux l'appeler de votre part ?
- Si je l'appelle de votre part, est-ce que vous pensez qu'il aura le temps de me recevoir ? Ou… qu'il pourra me recevoir ?

Si vous obtenez deux oui, c'est bon, vous pouvez téléphoner tout de suite. Un seul oui, cela veut dire que c'est à vous de convaincre le contact cible ainsi désigné de vous rencontrer. En revanche, si vous n'obtenez aucun oui, cela signifie le plus souvent que votre interlocuteur ne connaît pas assez bien la personne désignée et que vous risquez un « appel froid ».

Ce double verrouillage est un bon test de la valeur de la recommandation. Et puis surtout, il incite votre hôte à prévenir son contact que vous allez l'appeler de sa part.

La variante américaine

Dans les ouvrages américains traitant de la recherche d'emploi par le Réseau, il est conseillé de demander à l'interlocuteur qui vient de vous donner le nom de quelqu'un à appeler de sa part : *« Pouvez-vous le prévenir que je vais prendre contact avec lui ? »*. En Europe, une demande aussi directe n'est pas pertinente, elle peut traduire un manque d'éducation ou de tact. Ce point est particulièrement intéressant, car il montre combien l'art du Réseautage est affaire de culture, de formulations choisies au mot près et de feeling.

L'utilisation de cette variante américaine est toutefois possible, si on l'adapte au contexte français. Il s'agit alors de dire, une fois que vous avez obtenu le nom de la personne à contacter : *« Comment voulez-vous que nous procédions ? Voulez-vous prévenir votre ami avant que je ne l'appelle, ou préférez vous que je le contacte directement de votre part ? »* Dans cette configuration, vous laissez le choix à votre interlocuteur sur la marche à suivre pour vous connecter à votre prochain contact. S'il s'avère que c'est à vous d'appeler, vous pouvez utiliser le double verrouillage pour valider la qualité de la recommandation.

Entre les deux méthodes, à vous de choisir celle qui vous convient le mieux.

Pas de recommandation, que faire ?

Que faire si vous n'obtenez pas de recommandation pour un interlocuteur cible que vous ne connaissez pas ? Pas d'affolement. Dans la plupart des cas, mieux vaut ne pas appeler directement votre interlocuteur cible, puisque vous n'avez pas de recommandation permettant d'ouvrir aisément sa porte. Étant alors en situation d'« appel froid » vos chances de succès sont d'une sur dix… Sauf si vous avez quelque chose à proposer à votre interlocuteur, quelque chose qui l'interpelle, quelque chose d'assez passionnant pour qu'il accepte de vous voir. Le fait d'écrire un livre sur un sujet qui l'intéresse devrait, par exemple, faciliter une prise de rendez-vous. Encore faut-il réellement écrire un livre ! Présenter une étude que vous venez de réaliser sur son secteur peut aussi l'appâter. Là encore, faites en sorte que l'étude lui apporte vraiment un plus !

J'ai connu un candidat qui avait un talent rare, celui d'arriver à rencontrer ses interlocuteurs cibles sans recommandation. Il appliquait une sorte de « doux harcèlement » auprès de la secrétaire de la personne visée et utilisait parfaitement la technique du « disque rayé » qui consiste à dire et à demander toujours la même chose. Comme peu de personnes possèdent ce talent, je vous conseille de vous en tenir à la solution éprouvée que constitue la recommandation.

Si la personne fait partie des cibles à rencontrer à tout prix, cherchez dans votre réseau existant, à ce stade, quelqu'un qui puisse vous recommander auprès d'elle. Cela vous prendra un peu plus de temps. Mais l'expérience montre que l'on finit par y arriver et qu'on peut ainsi se remettre dans le schéma plus efficace et productif de l' « appel chaud ».

Pas de « reco » au frigo !

Une fois le nom obtenu, et la recommandation verrouillée par les deux questions clés, ne perdez pas de temps : appelez vite. Profitez de ces contacts « chauds » pour prendre rendez-vous. L'erreur habituelle consiste à mettre certains noms au réfrigérateur, voire au congélateur, en se disant qu'il sera toujours temps de les contacter. L'expérience montre qu'une fois sur deux, on ne les appelle jamais. Conséquences :

- on gâche des pistes potentielles et qui nous dit que ce n'était pas La piste ?

- on peut mettre son connecteur en position délicate, surtout s'il a prévenu (sans nous le dire) son ami de notre prochain coup de téléphone ;
- on passe pour un rustre, un mal élevé et un mauvais réseauteur car on ne tient pas au courant le connecteur du résultat obtenu (dans la mesure où il n'y a pas contact) ;
- on se grille auprès du connecteur et l'on écope d'une première tache indélébile sur sa réputation dans le Réseau.

Les recommandations données doivent être rapidement exploitées. Il faut les appeler dans les quatre jours qui suivent l'entretien, d'autant plus que vous risquez d'obtenir un rendez-vous à une date éloignée de deux ou trois semaines. J'entends souvent des candidats me dirent qu'ils sont débordés et qu'ils ne peuvent appeler tous les noms obtenus aussi rapidement. En parlant avec eux, je me rends compte que, selon les cas :

- ils ne sont pas bien organisés ;
- ils ne recherchent un emploi qu'à mi-temps ;
- ils ne gèrent pas les priorités.

Exploitez toutes les recommandations

Si vous travaillez bien le Réseau, vous obtiendrez des rendez-vous et vous repartirez avec un certain nombre de recommandations. À ce stade, il est tentant d'effectuer un tri dans les noms qui vous ont été donnés, c'est-à-dire d'en privilégier certains et de négliger les autres. Mais qu'est-ce qui vous dit que les personnes que vous allez appeler en priorité seront les bons connecteurs ? Absolument rien. En la matière, l'expérience enseigne qu'on ne sait jamais ce qui va ressortir d'un contact, quel qu'il soit. Le prochain est peut-être le bon !

Lorsque j'anime des groupes Réseau, où les participants se retrouvent régulièrement, je demande toujours aux candidats qui viennent de retrouver un job de venir raconter au reste du groupe comment ils ont trouvé leur emploi. Ces narrations sont toujours une grande leçon d'humilité, dans la mesure où l'on s'aperçoit que chaque histoire est différente et que beaucoup de facteurs entrent en ligne de compte. On constate souvent que c'est un contact, considéré au départ comme secondaire, qui aboutit finalement au job tant recherché. Je me souviens ainsi de ce candidat quinquagénaire qui voulait annuler son entretien réseau la veille du jour J et qui était allé au rendez-vous en se disant qu'il perdait son temps à rencontrer une personne hors cible. Un mois après, grâce à cette connexion dont il n'attendait absolument rien, il signait pour un poste mieux payé que celui qu'il avait perdu quelques mois auparavant ! Alors, souvenez-vous : pas de recommandation à la poubelle ! Exploitez-les toutes !

Facteur de succès n°6

Ne demandez que ce que l'on peut vous donner : tout sauf un job !

Comment casser l'effet du Réseau ?

Pour casser l'effet du Réseau, il suffit de dire : « *Bonjour, je suis chômeur et je cherche un job.* » Si vous partez dans le Réseau avec ce leitmotiv à la bouche, vos efforts seront rapidement réduits à néant. Vous ne dépasserez pas le cercle de votre réseau initial et vous pourrez dire : « *J'ai usé mon réseau.* » ; vous l'aurez même carbonisé !

Si quelqu'un vous appelle en vous disant : « *Avez-vous un job pour moi ?* » Vous passerez un peu de temps avec lui, si c'est un ami. En revanche, si vous ne connaissez pas cette personne – et même si elle vous contacte de la part d'une de vos relations – vous ne la recevrez pas. Parce que vous êtes dans l'incapacité de lui donner ce qu'elle demande : un poste. Vous n'êtes pas DRH, ni chargé du recrutement. Le seriez-vous d'ailleurs, auriez vous la possibilité de décider seul ? Pourquoi donc recevoir un inconnu à qui vous ne pouvez pas donner satisfaction ? Autant s'en débarrasser en lui donnant, au mieux, les coordonnées d'un recruteur quelconque ou du DRH de votre entreprise. Sans recommandation, bien sûr, puisque vous ne le connaissez pas et que vous ne pouvez pas vous en porter garant. C'est ce que l'on appelle « botter en touche ».

La plupart des candidats sont incapables d'être autre chose que des « quémandeurs d'emploi ». Voilà pourquoi le Réseau ne fonctionne pas pour eux.

On ne peut donner que ce que l'on a

Le bon usage du Réseau consiste à solliciter de vos interlocuteurs ce qu'ils peuvent vous donner. Tout sauf un job ! Demander une chose impossible à quelqu'un équivaut à le mettre en situation de frustration, de dévalorisation, voire d'échec. Pour cet individu, ne pas pouvoir répondre positivement à votre quête est une occasion de mesurer ses limites et son absence de pouvoir. Par-dessus le marché, si vous êtes envoyé par l'une de ses relations, il se retrouve en situation de décevoir deux personnes : le connecteur et vous-même ! Il est doublement humilié et la perception qu'il a de sa propre image dans le Réseau en est dégradée.

Il est préférable de lui faire plaisir, en le valorisant et en lui donnant l'occasion de rendre service et d'être reconnu comme un professionnel. Pour cela, ne requérez que ce qu'il peut vous donner : son expertise particulière. Il faut lui demander ce qu'il aura même du plaisir à vous proposer : de l'information, des conseils, des suggestions, une validation de projet, des idées. En lui faisant plaisir, vous commencez à susciter en lui un intérêt, une sollicitude qui, si vous ne faites pas d'erreur, pourra se révéler précieuse dans l'avenir.

Enfin, vous sollicitez un peu de son temps. Pour que votre demande soit recevable, ne soyez pas trop gourmand : un entretien de trente ou quarante cinq minutes convient parfaitement. Cela suffit pour récolter l'information et les conseils que vous venez chercher. C'est un moment qui peut se trouver dans un emploi du temps, même chargé, d'un professionnel.

	Même secteur	**Nouveau secteur**
Même métier	**Détection d'opportunités**	**• Information secteur • Validation du ciblage • Détection d'opportunités**
Nouveau métier	**• Information métier • Validation du projet • Détection d'opportunités**	**• Information métier • Information secteur • Validation du projet • Détection d'opportunités**

Les utilisations du Réseau en fonction du projet professionnel

Hypocrisie ou convention

Beaucoup de candidats à qui j'expose cette technique clé du Réseau, qui consiste à ne surtout pas demander un job, me rétorquent : « *Mais c'est de l'hypocrisie, mon interlocuteur comprend rapidement que je cherche un boulot !* » Cette objection appelle plusieurs réponses. D'abord, vous pouvez être effectivement en phase d'analyse du marché ou du métier. Dans ce cas, vous n'êtes pas encore en recherche active d'emploi, autant le préciser et être ainsi plus à l'aise.

Par ailleurs, lorsque vous êtes effectivement en prospection pour un emploi, il ne faut pas mentir en déclarant que vous ne cherchez pas un poste. Il convient de dire : « *Je suis effectivement en recherche d'emploi, mais rassurez-vous, je ne vous demande pas un job.* » Toute la différence réside dans cette précision. C'est un point essentiel de la démarche Réseau. Cette phrase, vous le verrez plus loin, est une des phrases clés pour mettre vos interlocuteurs dans de bonnes dispositions lors d'un premier contact téléphonique ou en face-à-face.

Vous devez bien comprendre que le Réseau est un processus en spirale qui doit vous permettre de vous rapprocher par étapes du poste que vous visez. Vous devez donc intégrer que l'interlocuteur que vous rencontrez sur recommandation ne va pas vous fournir l'emploi attendu, mais il peut vous en rapprocher. En d'autres termes, vous pouvez être totalement transparent en lui disant : « *Je ne vous demande pas un job, j'attends de vous que, par vos conseils, vos idées et vos informations, vous me permettiez d'approcher de mon prochain emploi.* » Si vous communiquez bien sur le sens de votre démarche, il ne s'agit clairement pas d'hypocrisie. Encore faut-il en être soi-même convaincu pour être à 100 % convaincant et donc crédible !

La bonne demande

Ce que vous allez demander compte autant que la façon dont vous allez le faire. Beaucoup de candidats s'imaginent que l'essentiel est de récupérer des recommandations et que la suite est un jeu d'enfant. De ce fait, ils bâclent cette étape essentielle et se retrouvent, le téléphone en main, en train de faire une demande floue, voire incompréhensible, à la personne qu'ils contactent de la part du connecteur. Ils se mettent dans une situation particulièrement difficile qui consiste à convaincre un quasi-inconnu de les recevoir alors qu'ils n'ont rien de précis à demander ! L'entretien téléphonique part alors en vrille, le contact est gâché et le connecteur risque d'être mis au courant. Échec sur toute la ligne. Travaillez vos demandes avec beaucoup de soin, en les adaptant à chaque interlocuteur. Répétez-les également.

Vous pouvez demander beaucoup de choses, en y mettant les formes. Voici quelques exemples de demandes recevables, assorties d'une bonne recommandation, bien sûr, si vous ne connaissez pas votre interlocuteur :

- Je suis actuellement en transition de carrière et j'aimerais valider mon projet auprès d'un professionnel du métier dans lequel je veux exercer.
- Je suis en cours de repositionnement professionnel et j'aimerais exercer le même métier que vous. Pourriez-vous me donner des conseils quant à la bonne démarche à suivre pour y arriver ?
- Je désirerais exercer mon métier dans le même secteur que vous et, à ce titre, j'aimerais bénéficier de vos conseils d'expert.
- Je cherche des informations sur le marché et les principaux acteurs de la… Michel Dupont m'a vivement recommandé de vous rencontrer dans ce but.
- Je connais bien le secteur du… mais je réoriente ma carrière sur un autre secteur que vous connaissez très bien et j'aimerais bénéficier de vos conseils pour affiner mon ciblage.
- Etc.

Et si mon interlocuteur me parle d'un job ?

Vous êtes en entretien Réseau et votre leitmotiv vis-à-vis de vos interlocuteurs est : « *Je ne vous demande pas un job.* » Et voilà quelqu'un qui vous en propose un. Que faire ? Je vous conseille d'abord de rappeler dans quel but vous êtes venu – conseils, information, etc. – puis de changer de casquette. Posez la casquette Réseau pour prendre celle du recruté potentiel. Votre but est de décrocher un emploi précis, il s'avère qu'une opportunité se présente, alors allez-y !

Cela demande une certaine agilité d'esprit puisque, soudainement, le volant change de main. Jusque-là, dans le cadre de l'entretien, vous étiez maître du temps et de l'ordre du jour. En basculant dans un entretien de recrutement, la donne change. C'est votre interlocuteur qui reprend les rênes : à lui de poser les questions, à lui de détailler le poste. À vous de répondre de façon précise, concise, pertinente et convaincante, comme dans un entretien d'embauche classique.

Cette situation est plus fréquente qu'on le pense. Elle arrive tous les quinze à vingt entretiens en moyenne. Elle se détecte facilement par des signes évidents que la discussion change de nature. Autant être préparé à une telle éventualité.

Connecteurs ou décideurs ?

En entretien Réseau, il importe d'abord de déterminer si l'on se trouve en face d'un connecteur ou d'un décideur.

Si vous êtes en présence d'un connecteur, c'est-à-dire d'une personne qui ne se trouve pas aux leviers de commande de l'entreprise mais dont l'expérience et le positionnement professionnels en font un pourvoyeur d'informations précieuses et de connexions intéressantes, l'approche Réseau est simple et logique : ne lui demandez pas un job (puisqu'il est clair qu'il n'est pas en position de vous le donner). Mais, recherchez, auprès de lui, des informations, des conseils, des validations de projet ou de cibles et si possible des contacts pour élargir votre visibilité sur le marché.

La donne est différente lorsque vous vous retrouvez devant un décideur. Si l'on vous a transmis le nom de ce manager en vous conseillant de le contacter car il cherche un collaborateur correspondant à votre profil, l'approche doit être directe. En effet, vous bénéficiez d'une recommandation et vous êtes au courant du recrutement en cours. Vous pouvez donc clairement postuler pour le poste en question. Vous courez cependant un risque, celui d'être intégré directement dans le processus de recrutement sans rencontrer le décideur cible et sans, de ce fait, bénéficier pleinement de la recommandation initiale. L'idéal est d'être reçu par le manager en question puis, à l'issue de ce rendez-vous, de participer au processus de recrutement.

Si l'entretien se passe bien, vous partez avec une longueur d'avance sur les autres compétiteurs.

En revanche, lorsqu'on vous donne le nom d'un décideur et qu'il n'y a pas d'information sur un éventuel job, quelle attitude adopter ? Une première solution consiste à appliquer à la lettre la technique Réseau expliquée dans ce livre : l'objectif est alors de créer un premier contact avec le décideur, de ne pas lui demander un job mais des conseils et des informations. Une seconde solution consiste, à l'inverse, à adopter une posture plus offensive et de clairement postuler pour un poste dans l'entreprise du décideur qui vous accueille.

C'est à vous de choisir entre les deux options. Faites-le en fonction de votre personnalité et de votre intuition du moment.

Attention, car, même avec une excellente recommandation, appeler un décideur et lui demander un job vous fait prendre le risque de ne pas être reçu et d'être « dégagé en touche » sur la DRH. Quel que soit votre choix, il convient de respecter une cohérence de discours entre l'appel téléphonique pour décrocher le rendez-vous et l'entretien Réseau lui-même. Il serait en effet inacceptable d'obtenir un rendez-vous pour un « entretien d'information » et demander brutalement un job une fois en face de l'interlocuteur qui vous accueille.

Facteur de succès n°7

Maîtrisez l'appel Réseau

Votre objectif : décrocher un rendez-vous

Vous avez le nom d'une personne à appeler. Vous devez la contacter et prendre rendez-vous. L'erreur, à ce stade, consiste à effectuer l'entretien Réseau par téléphone. Pour votre interlocuteur, c'est la facilité. Il vous accorde quelques minutes de son temps, écoute votre demande, y répond immédiatement et se débarrasse ainsi de vous… Résultat : pas de contact visuel, donc pas de mémorisation durable de sa part et, bien sûr, pas de recommandation pour contacter d'autres personnes.

Beaucoup de « débutants » abordant la technique du Réseau se font piéger à cette étape. Ils n'obtiennent qu'un entretien téléphonique qui ne débouche pas sur une rencontre en face-à-face. Parce qu'ils ne sont pas déterminés à obtenir le rendez-vous visé, mais aussi parce qu'ils ont peur et que le fait de récupérer l'information au téléphone est une solution qui leur paraît facile et sans danger pour eux. Ils oublient seulement que rien ne remplace le contact visuel. Certains candidats sont plus à l'aise en écrivant un mail prévenant le contact cible qu'ils vont l'appeler. Pourquoi pas, s'ils préfèrent une approche en deux temps. Pour ma part, je recommande l'appel direct. Je conseille aussi de ne pas laisser de message sur le répondeur, si on n'arrive pas à joindre l'interlocuteur, et de rappeler autant de fois qu'il est nécessaire pour lui parler en direct.

Les conditions de la réussite de l'appel Réseau

Un appel Réseau ne s'improvise pas. Cela se prépare minutieusement ; d'abord en réunissant le matériel adéquat : papier, crayon, agenda. Choisissez un téléphone fixe de préférence au portable qui, parfois, pose des problèmes de réception. Faites-le dans un endroit calme et soyez sûr qu'aucune personne – famille ou collègue – ne viendra perturber votre appel téléphonique. Une fois que vous êtes prêt, lancez-vous. Groupez vos appels et suivez la spirale du succès, c'est-à-dire enchaînez les appels à la suite du premier appel réussi ! Pour cela, commencez par les plus faciles et mettez les contacts supposés les plus ardus en fin de liste.

Préparez votre appel. Écrivez vos trois premières phrases. Notez aussi les points clés de votre discours. Cela vous aidera à gérer le stress généré par la nécessité de « pitcher » en quelques secondes. Une fois que vous avez votre interlocuteur au bout du fil, collez à ce que vous avez écrit, n'improvisez pas. Préparez plusieurs types de scénarii et entraînez-vous avec un collègue ou un professionnel. Ralentissez de 30 % votre débit car, en général, nous avons tous le réflexe d'accélérer notre diction sous l'effet du stress lié au téléphone. Certains professionnels conseillent de téléphoner debout pour avoir une voix plus claire. Je vous recommande aussi, en toutes circonstances, de sourire. Car le sourire s'entend dans votre intonation. Soyez énergique et raisonnablement enthousiaste. Enfin, si vous êtes malade avec une voix complètement cassée ou si vous êtes déprimé, n'appelez pas, soignez-vous d'abord.

Appelez au bon moment

Appeler au bon moment consiste à toucher votre interlocuteur à une heure où il sera disponible. N'appelez jamais le lundi matin. C'est généralement le jour où les responsables se réunissent en interne pour préparer la semaine à venir. Par extension, la journée du lundi n'est pas une fenêtre de tir recommandable. À la rigueur, appelez en fin d'après-midi quand la pression commence à retomber. Les autres jours de la semaine sont plus accessibles. Choisissez des heures cibles du type début ou fin de matinée, début ou fin d'après-midi. Certains consultants conseillent de ne pas appeler le vendredi après midi. Personnellement, je considère que la veille du week-end est souvent l'opportunité de parler avec quelqu'un de plus détendu, voire de bonne humeur, ce qui permet d'obtenir plus facilement – et plus rapidement – le rendez-vous visé. Si vous voulez éviter de tomber sur la secrétaire ou l'assistante, appelez avant ou après les heures normales de bureau, ou même le mercredi après-midi en espérant tomber sur un éventuel RTT de l'assistante.

Formulez la bonne demande

Votre message doit être court et incitatif. Il s'agit d'en dire assez pour obtenir le rendez-vous. Veillez surtout à ne pas trop parler, sous peine de rendre inutile une future rencontre. L'exercice n'est pas facile car votre interlocuteur préférerait sans doute passer dix minutes avec vous au téléphone que vous recevoir plus longtemps en rendez-vous.

C'est justement là où il est nécessaire d'être particulièrement vigilant. Votre objectif est d'être reçu. Point barre. Car rien ne remplace le contact physique et visuel. Enfin, rappelez-vous que personne n'accepte de vous donner des recommandations par téléphone !

À vous d'être convaincant. Vous avez quatre minutes pour convaincre ! Si vous débordez, attention danger ! Comment faire ? En premier lieu, il convient, après vous être présenté, de donner immédiatement le nom de votre recommandation. C'est votre « Sésame, ouvre-toi ! ». Ensuite, vérifiez que vous ne dérangez pas, que vous ne tombez pas juste avant ou au milieu d'une réunion importante. N'oubliez pas de le faire car c'est une question de politesse et cela permet d'être certain d'avoir toute l'attention de la personne au bout du fil. J'insiste sur ce point car, dans les ateliers que j'anime sur l'appel Réseau, les stagiaires zappent souvent sur cette vérification indispensable. Attention aussi à bien connaître la prononciation du nom de votre interlocuteur ! Puis formulez votre demande, en une ou deux phrases bien préparées et répétées.

Les phrases de déminage

Faites tout pour mettre à l'aise votre interlocuteur. Dans cet esprit, utilisez l'expression magique : « *Rassurez-vous, je ne vous demande pas un poste.* ». C'est ce que j'appelle une phrase de « déminage » de terrain. Si vous ne la dites pas, votre interlocuteur risque de vous dire : « *Je vous préviens que nous ne recrutons pas actuellement.* » ou « *Envoyez-moi votre CV, je vais le faire passer à la DRH* ». Il faudra alors sortir la phrase antimines : « *Je ne sollicite pas un entretien d'embauche* » ou une de ses variantes pour remettre la conversation téléphonique sur les bons rails.

En début d'activation, quand vous êtes dans une phase réelle de recherche d'informations, vous pouvez dire : « *Je ne cherche pas encore un emploi* ». En revanche, en phase active de recherche, préférez le : « *Je ne viens pas vous demander un job* » car cela a le mérite d'être clair, direct et de ne pas vous faire passer pour un hypocrite ! Il faut aussi savoir placer une autre phrase de déminage qui est: « *Je n'ai besoin que de 30 minutes de votre temps* » pour mettre votre interlocuteur à l'aise par rapport à votre demande. Accorder une heure fait réfléchir, alors qu'on arrive toujours à caler une demi-heure voire trois quarts d'heure dans un emploi du temps, même surchargé. Enfin, dernière phrase de déminage : « *dans les deux à trois semaines à venir* ». Peut-on refuser de recevoir une personne recommandée par une relation et qui ne vous demande pas un entretien d'embauche, mais des conseils ou de l'information, qui n'a besoin que d'une demi-heure et qui n'est pas à une ou deux semaines près ?

Quand vous n'arrivez pas à joindre votre contact

Dans ce cas-là, il faut faire ami-ami avec la secrétaire. Ne la traitez pas avec mépris. Surtout ne vous réfugiez pas derrière un « *C'est personnel.* » qui risque de vous la mettre à dos. Jouez l'honnêteté et la transparence. Commencez par demander son nom puis à quel moment vous pouvez rappeler. Soyez prêt aussi à lui donner l'information dont elle a besoin pour « rendre compte » à son patron. Là encore, la recommandation est cruciale et ne doit pas être oubliée. Faites bien le pont entre cette recommandation et votre demande de rendez-vous : *« Je l'appelle de la part d'Hervé Bommelaer. Ce dernier m'a vivement conseillé de rencontrer votre patron pour qu'il me donne des informations sur... Je n'ai besoin de le voir que 45 minutes. »*.

Si la secrétaire vous donne une heure précise à laquelle la rappeler, soyez ponctuel. De même, si elle vous dit qu'elle vous recontactera, gardez l'initiative en proposant – sans la vexer – que ce soit vous qui l'appeliez dans le créneau qu'elle vous donnera. Il est fort probable que vous ayez à téléphoner plusieurs fois avant de décrocher le rendez-vous visé. C'est normal, vous n'êtes pas prioritaire sur l'agenda de votre interlocuteur cible. Mettez votre fierté dans votre poche et appelez autant de fois qu'il sera nécessaire. Profitez-en, créez une connivence avec la secrétaire. Demandez-lui son nom, remerciez-la de sa persévérance et entrez en empathie avec elle. Proposez-lui toujours de lui envoyer un mail récapitulant votre demande. Il est d'ailleurs possible qu'elle vous le suggère elle-même.

Quand la secrétaire fait barrage

Dans ce cas, je vous conseille de rappeler votre connecteur et de lui demander le numéro de portable de votre cible. S'il refuse de vous le donner, il se peut qu'il appelle lui-même pour débloquer la situation. S'il vous donne le numéro demandé, à vous de jouer en finesse pour ne pas braquer votre contact, voire vexer sa secrétaire. Il s'agit alors de jouer fin. Il existe deux solutions : ne pas évoquer vos appels précédents ou louer le professionnalisme de la secrétaire cerbère et passer rapidement au motif de l'appel.

Lorsqu'on interroge des secrétaires sur la façon dont elles filtrent les appels de leur directeur, elles expliquent que leur rôle est de protéger leur patron des importuns. On comprend alors l'intérêt d'une bonne recommandation. Les assistantes soulignent aussi le fait qu'elles font tout particulièrement attention à ne pas faire perdre de temps à leur patron, d'où la nécessité d'une demande simple, claire et acceptable. Votre communication doit être directe, concise et percutante : pas de place pour le verbiage, les hésitations et les demandes fumeuses !

Si, malgré tous vos efforts, vous n'arrivez pas à joindre la personne ciblée et que le barrage s'avère insurmontable, ne perdez pas votre temps et passez au suivant sur la liste. Prévenez votre connecteur, par correction, de l'impossibilité à établir le contact et faites-le avec tact pour ne pas le gêner. N'insultez pas la pauvre secrétaire, ne cédez pas à la colère et n'envoyez pas un petit mot rageur à votre cible « savonnette ».

Rendez-vous dans son bureau

Le rendez-vous, dans la mesure du possible, doit être fixé dans le bureau de la personne qui accepte de vous recevoir. Ne discutez pas l'horaire qui vous est proposé. Que ce soit sept heures trente du matin ou vingt heures le soir, vous prenez !

Ne faites pas comme ce candidat qui ne voulait pas de rendez-vous avant neuf heures trente parce qu'il déposait ses enfants à l'école…

Évitez le restaurant, parce qu'il est toujours difficile de manger et, en même temps, de parler et de prendre des notes. Qui plus est, vous risquez de payer l'addition et votre recherche d'emploi *via* le Réseau va rapidement épuiser vos ressources financières. Le pire qui puisse vous arriver, c'est le restaurant à trois avec votre interlocuteur et votre connecteur. À bannir sous peine de voir la conversation partir dans tous les sens et de ne pas maîtriser le message que vous êtes censé faire passer. Le bureau de votre interlocuteur a l'avantage d'être un lieu qui projette une atmosphère de professionnalisme et de travail sur votre entrevue. Alors insistez pour le bureau.

Un café peut être une solution de repli, si votre contact préfère éviter de vous recevoir sur son lieu de travail. Dans ce cas, choisissez bien l'endroit pour être sûr d'être tranquilles et de ne pas avoir de voisins qui profiteraient de votre conversation. Bien entendu, dans cette configuration de rendez-vous, c'est à vous de payer les consommations. C'est la moindre des choses. Cela paraît évident, pourtant, j'ai le souvenir d'un candidat qui avait l'habitude de systématiquement oublier. Jusqu'au jour où, averti par le Réseau, je lui ai fait comprendre que son comportement cavalier était en train de le griller auprès d'alliés potentiels dans la suite de son parcours.

Une fois le rendez-vous obtenu, n'oubliez pas de vérifier l'adresse du bureau de votre interlocuteur et de donner votre numéro de portable au cas où.

Entraînez-vous : faites un dos-à-dos

Lorsque j'anime des séminaires sur le Réseau, et que l'on aborde l'appel Réseau, je demande à deux volontaires de se prêter à un exercice simple : le dos-à-dos. Deux chaises disposées dos-à-dos permettent aux deux personnes de ne pas se voir pendant l'échange. L'appelant établit le scénario : qui appelle-t-il (nom, titre, société), de la part de qui, quelle est sa demande (information, conseils, validation, etc.) ? L'appelé se contente de répondre. Je ne lui donne aucune instruction, il fait comme il le sent. Et c'est parti devant les autres participants attentifs. À la fin de l'exercice, le débriefing est fait de la manière suivante : l'appelant s'exprime en premier et juge sa prestation et ce qu'il a ressenti pendant l'échange. L'appelé parle ensuite et donne son impression. Enfin, le groupe s'exprime et fait ses commentaires. À ce stade, l'animateur n'a plus grand chose à dire : tout a été noté et décortiqué par les participants et l'assistance.

Qu'apprend-t-on dans cet exercice ? Que le rôle de l'appelant est difficile. On n'est pas à l'aise, on bafouille, on s'embrouille. On a tendance à s'excuser, à se justifier, à trop en dire, à parler trop vite, à faire des omelettes, c'est-à-dire des « eeee-eeeuuuuu ». En revanche, lorsque l'appelant change de rôle et devient l'appelé, c'est une toute autre personne. La voix est assurée, le verbe court et précis. C'est le jour et la nuit !

Facteur de succès n°8

Excellez dans l'entretien Réseau

C'est vous le pilote

Un entretien Réseau est très différent d'un entretien d'embauche. En effet, lors d'un entretien de recrutement, c'est à votre interlocuteur de mener le bal. C'est à lui de poser les questions et d'orienter le dialogue. Votre rôle consiste à répondre de façon pertinente et concise et à poser quelques questions judicieuses.

En entretien Réseau, vous avez 30 ou 45 minutes pour emporter l'adhésion de la personne qui vous reçoit et que, le plus souvent, vous ne connaissez pas. Ce temps est amplement suffisant, si vous maîtrisez bien les techniques de l'entretien Réseau. Parfois, on vous accorde une heure, ce qui vous donne encore plus de confort.

Contrairement à un entretien d'embauche, l'entretien Réseau se distingue par le fait que c'est vous qui conduisez la conversation : vous avez le volant. Vous orientez l'échange. Vous disposez aussi des pédales pour freiner ou accélérer. L'essentiel est de bien regarder la route, votre montre et de garder en tête votre but. Soyez extrêmement attentif aux messages non verbaux émis par votre hôte. Cela vous permettra de réguler votre vitesse. S'il a l'air de s'ennuyer ou d'être impatient, passez la vitesse supérieure ou changez de route. Vous avez plusieurs objectifs – vous faire connaître, obtenir des réponses ou des conseils, obtenir des recommandations – et le succès de votre entrevue dépend à 95 % de la façon dont vous l'avez préparée et dont vous la menez. Tout l'art de l'entretien Réseau consiste donc à garder l'échange sur les rails que vous avez posés. Il faut beaucoup de tact et de métier pour éviter que votre interlocuteur ne parte dans des digressions inutiles par rapport à ce que vous voulez obtenir de lui. Cela dit, il faut accepter l'« échauffement social », c'est-à-dire l'échange de politesse qui s'établit au début d'une rencontre et qui souvent porte sur votre connaissance commune : *« Alors, comme cela vous connaissez Paul ? ».*

Vous êtes le gardien du temps

Au début de l'entrevue, vous devez valider le temps que vous accorde votre interlocuteur. C'est une excellente façon de le rassurer sur le fait que vous n'allez pas vous incruster. Normalement, c'est une formalité, dans la mesure où vous avez déjà convenu d'une durée lors du coup de téléphone fixant le jour et l'heure de l'entretien. Si vous avez le sentiment que la personne est débordée ou dans une situation difficile et stressante ce jour-là, n'hésitez pas à proposer de remettre le rendez-vous à une autre date. Vous marquerez un point et surtout vous avez intérêt à avoir en face de vous un interlocuteur disponible, à l'écoute et bienveillant.

En entretien Réseau, vous devez être économe du temps de votre hôte. Ne lui en faites pas perdre. C'est une preuve de professionnalisme et de politesse, deux qualités appréciées dans le monde du travail. Surveillez le chronomètre. C'est de votre responsabilité de terminer l'entrevue à la minute prévue. Si la personne désire continuer à bavarder avec vous, elle vous le fera savoir. Certains spécialistes du Réseau conseillent de ne pas valider le temps et de rester dans le flou, en espérant grappiller quelques minutes de plus. Nous sommes d'avis contraire parce que vous devez, cinq à dix minutes avant la fin du temps imparti, passer à la demande de contacts. Si vous ne maîtrisez pas la durée du rendez-vous, vous risquez que ce dernier se termine sur un « désolé, je dois vous quitter car je suis en retard pour mon meeting de 16h00 » et sur un zéro pointé en termes de contacts récoltés.

L'entretien Réseau en dix points

Pour tenir dans les 30 minutes traditionnelles, vous trouverez dans la boîte à outils (voir partie 3) un schéma d'entretien Réseau en dix points. Inspirez-vous en, testez-le et adaptez-le à votre personnalité. Il décrit les phases suivantes :

1. bonjour, présentations ;
2. rappel de la recommandation, indispensable pour recadrer le contexte ;
3. validation du temps pour rassurer votre hôte ;
4. rappel de la demande en une phrase ;
5. proposition du plan de l'entretien pour bien prendre le volant ;
6. présentation personnelle en deux minutes, dire qui l'on est sans lasser ;

6 bis (en option) et vous ?

7. demande précise (validation, conseils, informations, etc.) ;
8. échange ;
9. recommandations ;
10. remerciements.

Ce canevas permet de structurer et de maîtriser le temps qui vous est accordé. Vous pouvez le modifier, le simplifier au fil de vos entretiens Réseau. L'essentiel est d'être à l'aise dans cet exercice particulier. N'hésitez pas, lors des premiers rendez-vous, à noter, en marge de votre cahier de notes, les 10 points de passage, pour être sûr de ne pas en oublier. J'ai ainsi vu quelques débutants, tellement contents de l'accueil qu'ils ont reçu, quitter l'entretien le sourire aux lèvres mais en ayant oublié de demander des recommandations.

Convaincre, rassurer, séduire

À vous maintenant de :

- convaincre que votre projet professionnel est réaliste et réalisable et que votre interlocuteur peut vous aider à le réaliser ;
- rassurer sur le fait que votre hôte peut vous envoyer dans son propre Réseau sans que ses relations l'appellent pour se plaindre…
- séduire car il faut lui donner envie de non seulement se valoriser mais aussi et surtout vous aider à progresser.

Rappelez-vous déjà que ce n'est pas ce que vous dites qui importe, c'est ce que votre contact entend et comprend !

Vous devez alors être efficace et direct. Vous avez un objectif à atteindre, agissez en professionnel et allez droit au but. Les entretiens efficaces n'ont pas besoin d'être longs, au contraire !

Préparez, préparez toujours, préparez encore

Plus vous préparez, meilleur vous serez. Vous ne pouvez pas vous rendre à un entretien réseau, sans avoir fait votre travail à la maison. C'est à la fois une question de politesse et de professionnalisme. Lorsque je m'occupais du recrutement des commerciaux, dans un groupe de communication international, je détectais les candidats « touristes » au fait qu'ils n'avaient pas fait le moindre effort pour étudier et connaître la société dans laquelle ils étaient reçus.

Se préparer à un entretien Réseau consiste à :

- se renseigner sur la personne qui vous accueille (orthographe et prononciation de son nom, coordonnées, fonction, parcours et lien avec le connecteur) ;
- s'informer sur la société (caractéristiques, activités, résultats, actualité, problématique) ;
- connaître le marché sur lequel elle évolue (taille, évolution, concurrents) ;
- être clair et précis sur sa demande.

Pour cela, il existe de nombreuses sources d'information dont les grands cabinets d'*outplacement* regorgent : sites spécialisés, annuaires, archives de la presse, dossiers thématiques, etc.

Sachez écouter

Vous allez donc devoir parler de vous, de votre projet professionnel. Mais, de façon paradoxale, vous allez devoir surtout écouter.

Ne tombez pas dans ce travers, si fréquent, de l'entretien Réseau qui consiste à parler tout le temps et à ne pas laisser le moindre espace de parole à votre interlocuteur. Surveillez votre ratio parole/écoute. Lorsque vous interrogez des P-DG ou des DG d'entreprise sur la qualité essentielle dans le business, ils vous répondent : savoir écouter.

Mc Cormack rappelle justement, dans son livre *Business Secrets,* qu'il n'y a pas pire interlocuteur que la personne qui ne vous entend pas, monopolise la parole et répond à côté de vos questions. Pour éviter de vous retrouver dans ce rôle, pratiquez l'écoute active.

Enfin, rappelez-vous les leçons de Dale Carnegie qui, 80 ans après, sont toujours d'actualité : les gens aiment par-dessus tout parler d'eux-mêmes, de ce qu'ils font et ont fait. Alors encouragez-les, intéressez-vous à leur parcours, leurs réussites et leur vision du métier.

L'effet de primauté

Avant même d'avoir parlé, vous avez déjà produit une impression sur votre interlocuteur. Bonne ou mauvaise. Les psychologues appellent cela « l'effet de primauté ». Il dépend de plusieurs paramètres : l'apparence physique, le visage, le sourire, la poignée de main, tout un ensemble de choses que vous émettez devant un inconnu. Les spécialistes de la communication soulignent que la première impression que l'on donne aux personnes que l'on rencontre est faite à :

- 10 % de ce qu'on dit ;
- 30 % des intonations de la voix ;
- 60 % de l'attitude et des gestes.

Lorsque j'anime des séminaires inter-entreprise sur le Réseau, je demande aux participants de ne pas se présenter entre eux, de regarder leur voisin et de deviner qui il est : âge, situation familiale, formation, métier, qualités professionnelles, hobbies. Le résultat est édifiant. Je me souviens encore de cet homme que le groupe avait perçu comme un commercial autodidacte, alors qu'il était directeur financier et qu'il avait fait HEC. L'effet miroir est implacable. C'est un exercice qui est très employé dans le domaine de l'*outplacement*. Il permet de prendre conscience de ce que l'on dégage par son physique, sa physionomie et son apparence. Puis, dans un second temps, de voir ce que le fait de s'exprimer change – ou ne change pas – au premier effet donné.

Pas de seconde chance de faire une première bonne impression

L'effet de primauté est une donnée de base des relations humaines. Il est d'autant plus important que la grande majorité des personnes a tendance à s'accrocher à son premier jugement. Même si, par la suite, des informations ultérieures contredisent cette première impression, la tendance naturelle de l'être humain est de les ignorer ou de les minimiser.

De ce fait, il est fondamental de connaître l'impression que vous donnez et d'en tenir compte. Si vous paraissez froid et distant à première vue, vous devez corriger le tir en adoptant une attitude volontairement souriante et engageante. Connaissez vos points forts et jouez dessus en entretien. Votre but n'est pas de prendre le dessus sur votre interlocuteur, mais plutôt de créer une relation de confiance avec lui. Vous avez quelques minutes pour créer une réaction positive chez votre contact et vous verrez que c'est au moment où vous sentez son ton changer que l'intérêt grandit soudainement. C'est ce que j'appelle le « point d'ignition » de l'entretien Réseau : quand la relation s'allume. Si cela se produit, le lien ainsi créé a de fortes chances d'être utile, voire durable. Pour cela, vous devez incarner ce que vous voulez transmettre à votre interlocuteur. Ceux qui respirent l'enthousiasme et la confiance donnent plus envie que les autres.

Les signaux non verbaux

Les signaux non verbaux sont capitaux dans le succès d'un entretien Réseau. Ils sont tout aussi importants que les mots que vous prononcez. Des gestes inadaptés, de simples mouvements de tête, des changements d'expression peuvent en dire plus sur vous qu'un discours parfaitement préparé.

Pour cela, rien ne vaut une ou deux séances d'entraînement avec un professionnel du reclassement devant une caméra. Les simulations d'entretien Réseau sont extrêmement utiles. Elles permettent au candidat de se corriger très vite car ses défauts lui sautent immédiatement aux yeux. En se regardant à l'écran, il perçoit mieux l'importance du sourire et de la gestuelle pour créer un bon contact et faire en sorte qu'on lui fasse confiance.

Mon expérience m'a montré que, généralement, la moitié des personnes à qui je propose cet exercice préfère décliner mon offre. Bien évidemment, j'insiste et, à l'issue d'une ou deux séances, le candidat est surpris de constater, tout compte fait, qu'il passe plutôt bien. De ce fait, il se sent beaucoup plus en confiance. Ensuite, je lui demande de raconter devant la caméra et le groupe une expérience personnelle qui l'a enthousiasmé. On visionne et le candidat comprend combien la passion et l'enthousiasme peuvent le transfigurer et en faire quelqu'un de plus sympathique et entraînant.

Sachez communiquer

Pour bien communiquer ses idées, il faut être clair sur son projet, son positionnement et ses cibles. Mais il faut aussi avoir réfléchi à la façon de les communiquer. Pour cela, travaillez votre message et les deux ou trois arguments qui l'étayent. Il est essentiel que votre interlocuteur, quand vous aurez quitté son bureau, se souvienne du cœur de votre message et de rien d'autre. Trouvez ensuite les mots clés pouvant faire passer de façon forte et unique votre message principal. N'hésitez pas à les répéter en entretien car la répétition construit la mémorisation.

L'efficacité de parole exige un certain nombre d'ingrédients :

- des phrases courtes ;
- beaucoup de verbes d'action ;
- l'utilisation de mots courts et simples ;
- pas de jargon ;
- des formules positives (« vous avez raison » plutôt que « vous n'avez pas tout à fait tort ») ;
- pas de scories de langage du type « un peu, presque, environ, à peu près, disons que, etc. ») ;
- le moins possible d'omelettes (eueueueueu).

Vous avez aussi le droit d'avoir de l'humour. Mais faites preuve de bon sens et adaptez votre humour en fonction de votre interlocuteur et de son humeur. Restez cependant « en dedans », car il vaut mieux qu'il se souvienne de vous au travers de votre projet et de votre message professionnel clé plutôt que de la bonne blague que vous lui avez racontée. Un autre conseil : ne vous justifiez pas à propos de votre licenciement. Ce n'est pas le sujet. Si vous le faites, c'est louche et cela veut souvent dire que vous êtes encore dans la colère ou le deuil. Et votre interlocuteur n'est pas là pour écouter vos états d'âme.

Habillez-vous pour la circonstance

Vous devez être très vigilant sur la tenue vestimentaire. Si l'habit ne fait pas le moine, il donne cependant beaucoup d'informations sur qui vous êtes. Le principe est de s'habiller pour que l'on vous remarque vous, et non pas la façon dont vous êtes vêtu. L'idéal est d'être habillé dans le même style que votre interlocuteur. Cela participe à le rassurer sur vous. Donc pas de fantaisie sauf si vous êtes dans une profession artistique. Et encore.

Si vous êtes en situation de transition professionnelle, n'en profitez pas pour adopter un style trop décontracté. L'entretien Réseau est un entretien professionnel et votre tenue vestimentaire doit être adaptée à la situation et au type d'environnement dans lequel vous voulez évoluer. Je me souviens de ce candidat qui allait dans ses entretiens Réseau dans la grande distribution habillé comme un banquier d'affaires. Il ne comprenait pas pourquoi cela ne marchait pas. Pour ma part, j'attire particulièrement l'attention des hommes sur les chaussures en bon état et parfaitement cirées, sur les chaussettes assorties à la couleur des chaussures ou du pantalon – surtout pas de motifs ! – sur la montre ni ringarde, ni trop clinquante. Attention à la cravate aussi. Pas trop de fantaisie et surtout pas de tache ! Ayez toujours sur vous une brosse à dents et n'allez jamais à un rendez-vous sans vous être brossé les dents. Une mauvaise haleine est un tue-Réseau dont on ne soupçonne pas l'importance. Pour les femmes, attention au parfum trop lourd et à l'abus de bijoux.

CV ou pas CV ?

C'est un débat éternel : faut-il donner son CV lorsqu'on est en entretien Réseau ? Certains le recommandent. Ils considèrent qu'il faut laisser une trace, espérant que si l'entrevue se passe bien, le CV sera transmis à une bonne personne. C'est une erreur ! Je sais combien il est difficile pour un chercheur d'emploi de refuser de donner son CV à un interlocuteur qui le demande pour le faire passer ! Mais, soyons clairs, il ne le fera pas. Ou alors peut être à la DRH, c'est-à-dire dans la pile qui côtoie la corbeille à papier. Pour votre interlocuteur, il s'agit, la plupart du temps, d'une formule de politesse qui montre qu'il a parfaitement percé votre jeu. Raison de plus pour refuser et de rappeler que, à ce stade de votre démarche, vous ne lui demandez pas un job.

En définitive, si vous voulez efficacement utiliser la démarche Réseau, n'emportez jamais votre CV car il signifie « demande d'emploi ». Or, vous ne venez pas demander un job, vous êtes là pour glaner des informations, une validation ou des conseils ! Bernard de la Hosseraye, consultant en *outplacement* expérimenté, résume très bien cette règle de base du Réseau, dans son livre *L'outplacement* : « *Au total, dans le cadre du Réseau, le CV peut être une véritable "bombe" à manier avec énormément de circonspection. Contrairement à ce que vous pensez a priori, ce document vous fermera beaucoup plus de portes qu'il ne vous en ouvrira.* »

Restez discret

Je n'insisterai jamais assez sur la nécessaire discrétion dont il faut faire preuve dans le monde des affaires. Montrer que l'on est bien informé peut se révéler utile, mais aussi vous faire basculer dans le camp des gens dangereux le jour où l'on vous trouvera trop bavard ou peu digne de confiance. Aussi, ne faites pas de confidences indiscrètes sur un concurrent ou sur votre ancienne société. Ne médisez pas non plus sur vos anciens patrons ou sur d'autres professionnels rencontrés dans le Réseau ou dans votre vie antérieure.

Si on vous confie des informations qui vous paraissent confidentielles, gardez-les pour vous. En toute circonstance, et surtout en cas de doute sur le degré de confidentialité de l'information, adoptez le principe de précaution : motus et bouche cousue. Jean-Marie que je conseillais dans sa recherche d'emploi *via* le Réseau me confia un jour qu'il était très ennuyé car un des interlocuteurs qu'il avait rencontré par recommandation lui avait divulgué des informations stratégiques sur la société où il travaillait. Or Jean-Marie venait d'être engagé chez le principal concurrent et il ne savait pas quoi faire vis-à-vis de cette personne. Il penchait pour l'idée de ne rien dire et surtout de ne pas le prévenir de son nouveau poste. Je lui conseillai, au contraire, d'informer son interlocuteur pour le remercier et même de l'inviter à déjeuner pour le rassurer de vive voix sur sa discrétion.

Enfin, sachez conclure

On vous a accordé 30 ou 45 minutes. C'est à vous de jouer le rôle de « gardien du temps ». Vous êtes le garant du bon timing. Si vous remarquez que l'entretien dépasse le temps initialement accordé, c'est à vous de le signaler et de proposer de prendre congé. Si votre interlocuteur est encore un peu disponible, il vous le dira. Mais, dans tous les cas, il vous saura gré de votre politesse et de votre professionnalisme. À vous donc d'optimiser le chronomètre pour atteindre tous vos objectifs dans le temps imparti.

En conclusion de l'entretien, il est important de remercier votre interlocuteur pour le temps qu'il vous a consacré. N'hésitez pas à mettre en avant un point particulier de l'entretien et de rappeler le nom des personnes que vous pouvez appeler de la part de votre hôte. Et puis, « cerise sur le gâteau », vous pouvez ponctuer l'échange par un : *« Si je peux à mon tour vous rendre service, n'hésitez pas à me contacter. »*. Exprimez ainsi que vous pouvez aussi être utile à l'autre. Cette phrase, a priori anodine, démontre que vous avez l'esprit Réseau. Vous vous positionnez comme un professionnel qui peut, à son tour, aider un autre professionnel. Vous êtes clairement dans une relation gagnant-gagnant.

Non seulement, il faut savoir conclure mais aussi partir et réussir sa sortie. L'idée est de ne pas gâcher la bonne impression que vous avez produite par une maladresse, un mot de trop, voire une plaisanterie mal calibrée, lorsque votre hôte vous raccompagne à l'ascenseur.

Entraînez-vous avec plaisir

Pour vos premiers entretiens, choisissez des interlocuteurs sans grand enjeu. En effet, vous allez vous améliorer de façon constante au fil de vos rencontres. Progressivement, vous allez prendre vos marques. Vous allez gagner en aisance, dans la mesure où l'exercice n'est pas difficile une fois qu'on le maîtrise. De plus, il est riche d'enseignement : d'abord, au plan des informations et des conseils collectés ; ensuite sur la psychologie des différents individus que vous allez rencontrer. Sur ce dernier point, je vous conseille de vous plonger dans le livre *Comment leur dire ?* où Gérard Colignon explique les fondements de la *« Process Com »*. Cet outil, très utile, vous permet d'adapter votre niveau de communication à votre interlocuteur afin d'être sur la même longueur d'ondes que lui.

Activer le Réseau peut être aussi un plaisir. C'est l'occasion de rencontrer des individus passionnants et de les sortir de leur routine. C'est à vous de donner le « la ». Si vous avez de l'enthousiasme et de l'énergie à revendre, communiquez-les. Dites-vous que vous pouvez toujours apporter quelque chose à votre hôte : un moment de détente, une conversation intéressante, une valorisation personnelle, l'occasion de réfléchir sur une problématique du métier, la possibilité de raconter sa propre histoire professionnelle, le plaisir de donner des conseils, etc. Si vous avez compris cela, vous êtes sur la bonne voie.

Pour bien communiquer, il faut maîtriser trois choses :

- l'empathie, c'est-à-dire la capacité à se mettre à la place de l'autre et à comprendre ses attentes ;
- la redondance, c'est-à-dire l'art de répéter le même message sous des formes différentes ;
- le feed-back, c'est-à-dire solliciter le retour de l'autre sur ce qu'il a compris de votre message.

Facteur de succès n°9

Remerciez et tenez informé

Soyez poli : remerciez !

Après avoir remercié oralement votre interlocuteur à l'issue d'un entretien Réseau, il convient de lui envoyer, sous 24 heures, un mot de remerciement. C'est la moindre des politesses. C'est une simple question d'éducation. Pourtant, un candidat sur trois ne le fait pas !

Une lettre ou un e-mail ? Pour choisir entre les deux, fiez-vous à votre feeling et à votre sens de l'observation. Si le bureau de votre contact est pourvu d'un ordinateur, s'il n'est pas P-DG ou DG, s'il est âgé de moins de 45 ans, le mail devrait faire l'affaire. Si, en revanche, vous décelez en lui un « handicapé de la souris », un homme ou une femme de la vieille école, optez pour un courrier classique. Dans cette dernière option, faites bien attention à l'orthographe du nom du destinataire. Recevoir une lettre avec son propre nom mal orthographié est vexant et projette une image de non-professionnalisme sur l'émetteur du courrier.

Remerciez en personnalisant le message

Remercier est une chose, bien remercier en est une autre. Évitez absolument le mot de remerciement standard, ou pire encore, le formulaire tapé et vaguement signé que je reçois quelquefois ! J'ai alors l'impression de lire un courrier envoyé par un catalogue de vente par correspondance.

Votre mot de remerciement, qu'il soit envoyé par courrier ou par mail, doit être personnalisé. Il s'agit d'écrire quelque chose d'unique qui reprenne les grandes conclusions de l'entretien et les contacts qui vous ont été donnés. Faites attention à l'orthographe ! Envoyer un mail ne vous dispense pas d'être extrêmement rigoureux sur le sens des mots et sur les fautes de frappe !

Tenez informés tous vos contacts

Le bon réseauteur doit tenir informé le connecteur du résultat des rendez-vous obtenus grâce à sa recommandation. Or, combien de personnes respectent parfaitement cette consigne ? Selon les statistiques des professionnels, seulement 35 % des personnes faisant appel au Réseau. Les raisons les plus souvent avancées pour justifier cette attitude sont le manque de temps et la nécessité de préparer les entretiens Réseau à venir.

Tenir informé est pourtant un point capital de la bonne réussite de l'activation du Réseau. Quelqu'un qui vous reçoit et vous donne des conseils vous oblige. Il ne vous commande pas de lui rendre l'exacte monnaie de sa pièce, il vous demande simplement de respecter l'élémentaire politesse qui consiste à le tenir au courant de la suite de votre parcours.

Halte au réseau kleenex

Tenir informé prend certes du temps, mais c'est un investissement nécessaire. C'est souvent fastidieux, cela demande de la méthode et de l'assiduité. Mais, en faisant cela, vous faites plaisir, vous commencez à payer votre dette et vous ne dérangez jamais. C'est même le contraire qui est dérangeant. En effet, utiliser le Réseau comme un mouchoir jetable (je prends, je jette) aboutit à s'exclure de ce système d'échanges qu'est le « réseautage » efficace. Faire du réseau kleenex est une erreur commise par la grande majorité des réseauteurs amateurs. C'est une aberration regrettable, parce que cela discrédite l'outil Réseau et ampute grandement l'efficacité de la recherche d'emploi.

Certains candidats me demandent souvent comment relancer un contact Réseau que l'on n'a pas vu depuis longtemps sans l'importuner. Il suffit de lui donner de vos nouvelles. Si cette personne vous a reçu 30 ou 45 minutes, plusieurs semaines ou mois auparavant, il y a fort à parier qu'elle sera, sinon heureuse, du moins curieuse de savoir ce que vous devenez.

L'effet d'attachement

Le chercheur d'emploi qui commence à activer le Réseau est souvent mal à l'aise, car il a l'impression de quémander et d'être ainsi en situation d'infériorité. Cela peut être une réalité au tout début de la relation que l'on noue avec un membre du Réseau. Mais il faut savoir que, très vite, la relation peut et doit s'équilibrer. Il suffit déjà, au minimum, que l'entretien Réseau se passe bien et que votre interlocuteur puisse vous donner des conseils ou de l'information et être ainsi valorisé.

Par la suite, si vous le remerciez et surtout le tenez au courant des contacts qu'il vous a donnés, vous pouvez créer ce que les sociologues appelle l'« effet d'attachement ». En d'autres termes, alors que vous vous considérez comme quitte avec votre interlocuteur en l'informant régulièrement de l'avancement de vos démarches, lui, de son côté, devient peu à peu, un de vos plus fervents supporters. À condition cependant que vous lui montriez que vous avancez vers votre but. De plus, vous créez une relation qui peut aboutir à une alliance avec un professionnel qui vous appréciera pour vos compétences et pour votre personnalité. Bénéfice possible : être contacté par votre nouvel allié le jour où il repère une opportunité de job pour vous !

L'effet d'attachement avait déjà été suggéré par Benjamin Franklin lorsqu'il disait : *« Si vous voulez vous faire un ami, laissez quelqu'un vous rendre un service. »*. C'est un principe de base de la réussite Réseau. Il s'agit non seulement de créer cet attachement, mais aussi de le conserver dans la durée. Pour cela, remerciez et tenez au courant.

Multipliez les occasions de contact

Pour créer cet effet d'attachement, il faut deux conditions :

- convaincre, rassurer et séduire son interlocuteur car, dans le Réseau, on n'aide que les individus crédibles et qui « donnent envie ».
- maintenir la « présence à l'esprit ». Pour cela, il faut multiplier les Occasions De Contact (ODC).

Prenons un candidat en phase d'activation du Réseau. Il téléphone à un interlocuteur recommandé = 1er contact.

Il rencontre l'interlocuteur en face à face = 2^{e} contact (contact visuel et physique, fondateur de la relation future).

Il remercie par mail = 3^{e} contact.

Le candidat moyen s'arrête le plus souvent là, c'est-à-dire à trois contacts. Certains, un tiers, s'arrêtent à deux contacts, dans la mesure où ils oublient déjà de remercier par mail ou par courrier. Ce sont les candidats « téflon » : ils ne créent ni adhérence, ni adhésion, ni attachement. En ignorant l'une des règles élémentaires du Réseau, ils n'utilisent que 20 % de son potentiel.

C'est là que le bon réseauteur fait la différence en multipliant les contacts utiles pour entretenir la « présence à l'esprit » auprès de son interlocuteur.

Faites d'un contact un allié

Lorsque j'interviens devant une assemblée de chercheurs d'emploi qui connaissent la règle du jeu du Réseau et qui pratiquent ce dernier depuis quelque temps, je leur explique l'importance de faire d'un contact un allié. L'accueil qu'ils réservent à ce principe est généralement excellent, dans la mesure où ils prennent conscience que c'est le moyen de passer à la vitesse supérieure dans leur approche du marché caché.

En revanche, ceux qui pratiquent le réseau jetable (je contacte, je prends, je jette) n'ont rien appris ou rien compris. Ils vont rapidement se heurter à des refus et épuiser leur capacité de rebond dans le maillage du Réseau. Pire, ils peuvent contribuer à créer ou à amplifier une image négative autour de cette démarche utile et efficace.

Faire d'un contact un allié consiste tout simplement à comprendre que le fait d'obtenir un rendez-vous en face-à-face avec une personne cible – et de repartir de l'entretien avec deux recommandations – n'est pas le but final de la démarche mais le début d'un processus d'alliance. L'objectif est de créer une relation durable avec la personne rencontrée, une relation gagnant-gagnant. Il ne s'agit pas de jeter le contact mais de l'entretenir, de faire en sorte qu'il s'attache à vous, qu'il devienne l'un de vos supporters, un veilleur, un détecteur d'opportunités. Imaginez qu'après avoir rencontré 60 personnes, vous ayez réussi à créer ce type de lien avec la moitié de vos interlocuteurs, cela fait 30 veilleurs à votre service, alors que celui qui a fait du Réseau Kleenex n'en aura aucun, quel que soit le nombre de personnes rencontrées !

Laissez et entretenez une trace positive

Au contact des candidats et dans ma propre expérience du *Networking,* j'ai identifié quelques idées pour maintenir le lien avec les interlocuteurs rencontrés *via* le Réseau. Dans mes interventions sur le sujet, je les ai appelées les « boosters ». Il s'agit, en fait, d'entrer très vite dans une relation donnant-donnant avec un interlocuteur du Réseau. Pour cela, il faut apporter quelque chose d'inattendu et qui puisse réellement l'intéresser.

Imaginez la personne que vous devez rencontrer. Grâce à la qualité de votre recommandation, elle vous a donné un rendez-vous de 45 minutes dans son bureau. Cette personne ne vous connaît pas, elle a eu un rapide entretien avec vous au téléphone dix jours auparavant. Elle se sent un peu forcée de vous recevoir et n'attend rien de particulier de cette rencontre, hormis le fait que vous ne lui preniez pas plus de 45 minutes de son temps. Votre objectif consiste à casser cet *a priori* en lui apportant par la suite, en échange de son temps, de ses conseils et des contacts qu'elle vous donne, un service ou une information ou un contact qui l'intéresse.

Voilà donc quelques boosters que je vous propose de mettre en œuvre pour optimiser l'efficacité de votre démarche Réseau.

Mes idées Booster

Idée n° 1 : l'article de presse

L'idée est de collecter des articles récents sur l'entreprise de votre hôte, sur ses concurrents et sur les tendances du secteur. Si, lors de l'entretien, votre interlocuteur se montre intéressé par l'un de ces documents, vous pouvez lui promettre de lui en envoyer un exemplaire.

Ainsi, vous établissez un rapport gagnant-gagnant : vous récoltez des conseils et votre contact récupère de l'information.

Je vous conseille même d'écrire sur les articles envoyés votre nom et votre numéro de téléphone.

Je vous recommande de transmettre l'article par courrier quelques jours plus tard, mais jamais en même temps que le mot de remerciement envoyé par mail ou par courrier. Cela vous permet de créer un contact supplémentaire. Dans les semaines et les mois qui suivent, continuez à alimenter votre interlocuteur avec des articles susceptibles de l'intéresser.

Idée n° 2 : l'étude disponible

L'astuce consiste à évoquer une étude qui peut retenir l'attention de votre interlocuteur : soit une étude que vous avez récupérée, soit une étude que vous avez réalisée. Dans tous les cas, ne donnez pas ce document le jour de votre entretien, mais au moins une semaine après.

S'il s'agit d'une étude que vous avez rédigée, proposez à votre contact de la lui présenter. Vous créez ainsi une nouvelle rencontre de grande valeur puisque c'est à votre tour d'être le donneur. De plus, vous vous coiffez à cette occasion d'une casquette d'expert fort valorisante. Vous avez ainsi un maximum de chances d'établir avec votre interlocuteur une relation durable, une réelle alliance fondée sur un intérêt professionnel partagé. Si, par la suite, d'autres documents intéressants passent entre vos mains, proposez à vos différents interlocuteurs de leur en envoyer un exemplaire.

Idée n° 3 : l'étude en cours

C'est une variante de l'idée précédente. On entre dans le grand art. Imaginons que, au cours de l'entretien, vous constatiez que votre interlocuteur est très intéressé par un sujet précis. Imaginons aussi que vous ayez un certain nombre de documents qui vous permettent de rédiger un mémo sur ce même sujet. Dites alors que, pur hasard, vous êtes justement en train de faire une synthèse sur ce point particulier et qu'une fois terminée, vous serez très heureux de venir la lui présenter.

Vous apporterez ainsi une information utile à votre interlocuteur et, en plus, vous aurez la possibilité de le revoir en face-à-face. L'impact est garanti. Cela demande simplement un travail de documentation et de synthèse. Si vous avez les moyens de maîtriser le sujet, lancez-vous mais surtout livrez la marchandise en temps et en heure !

Idée n° 4 : la *newsletter* envoyée au Réseau

Il s'agit simplement de rédiger une *newsletter* régulière envoyée à toutes les personnes qui peuvent servir de veilleur ou de connecteur dans votre Réseau. Ainsi, chaque nouveau contact vient enrichir la liste de vos envois. À vous de trouver les rubriques à insérer dans cette *newsletter*.

Cette idée m'a été suggérée par un article paru dans *Stratégies* dans lequel un DG adjoint d'un groupe publicitaire expliquait comment, grâce à la *newsletter* qu'il avait créée sur le métier, il pouvait maintenir un contact régulier avec tous les membres de son réseau en construction. Au bout de quelques mois, il avait été engagé par l'un des destinataires de sa prose.

Idée n° 5 : l'envoi d'un lien à un site professionnel

Le principe est d'envoyer un lien à un site Web qui puisse intéresser votre contact. Cela peut être un site professionnel ou un site plus généraliste. Étant donné le foisonnement d'informations existant sur Internet, ce n'est pas difficile de trouver de bonnes idées. De plus, comme vous avez plus de temps que vos interlocuteurs pour effectuer ce type de recherches, vous êtes sûr de dénicher quelques pépites capables de susciter la curiosité et la reconnaissance de votre correspondant.

Certains de mes candidats sont devenus des experts dans cette démarche. Ils ont réussi à débusquer des sites intéressants et à rendre service à beaucoup de professionnels en poste autour d'eux.

Idée n° 6 : la mise en relation

Il s'agit de proposer à la personne rencontrée de la mettre en relation avec une personnalité du monde professionnel qu'elle aimerait rencontrer. Cette situation vous positionne en tant que connecteur et vous valorise auprès de votre interlocuteur. Vous créez ainsi une pure relation gagnant-gagnant.

Vous payez ainsi votre dette et vous créez un lien dans la durée qu'il tient à vous d'entretenir. Et puis, cela met votre interlocuteur dans d'excellentes dispositions vis-à-vis de votre projet.

Idée n° 7 : le service professionnel

Le principe est comparable au précédent, dans la mesure où vous offrez de rendre service, à votre tour, à votre interlocuteur. Il peut s'agir de lui offrir votre aide sur un problème qu'il rencontre (audit, consulting, recherches, etc.). Cela peut aussi consister à recevoir une personne qu'il vous adresse dans le cadre du Réseau. Les sujets d'interaction de ce type sont vastes et il est important d'être à l'écoute de votre hôte et de bien faire passer votre positionnement et votre offre de services.

Le service professionnel doit être proposé à la fin de l'entretien, lors de vos remerciements. La plupart du temps, la personne en face ne donnera pas suite. Cependant, dans quelques cas que j'ai suivis de près, le candidat a été appelé peu de jours après. Lorsque je me suis personnellement tourné vers les métiers de l'accompagnement professionnel et que, dans le cadre de mes recherches, j'ai appris à utiliser le Réseau, j'ai fait l'expérience de ce phénomène boomerang. Cela fonctionne très bien et c'est très satisfaisant de rendre service à son tour.

Idée n° 8 : la promotion de votre article

Si vous avez l'occasion d'écrire un article dans une revue professionnelle, au cours de votre parcours Réseau, n'hésitez pas. N'attendez pas que l'on vienne vous chercher, profitez de votre activation Réseau pour proposer vos services.

Une fois que l'article est paru, envoyez-le à vos contacts réseau. Ils pourront ainsi constater que vous êtes actif dans votre recherche et que vous restez connecté au monde professionnel. De plus, le fait d'être publié vous confère des points supplémentaires en termes de notoriété et d'image projetée.

Idée n° 9 : l'invitation à une conférence

Il s'agit simplement d'inviter l'un de vos interlocuteurs du Réseau à une conférence susceptible de l'intéresser. S'il ne vient pas, vous avez simplement créé un nouveau contact positif avec lui. Un de plus. S'il accepte de venir, il sera toujours content d'y connaître quelqu'un : vous. Bonne raison pour renforcer les liens professionnels qui commencent à se tisser entre vous.

L'idéal est de participer à l'organisation de la conférence en question. Cela vous valorise aux yeux de votre invité. De plus, vous pouvez lui réserver un traitement de VIP. Un conseil, dans ce dernier cas, invitez trois personnes du Réseau, au maximum, pour pouvoir bien les traiter. Quoi qu'il en soit, sortez de chez vous, participez à des tables rondes, soyez à l'affût de toutes les manifestations concernant de près ou de loin votre projet professionnel.

Idée n° 10 : la fiche de lecture

Vous avez du temps à consacrer à votre métier ou à votre secteur. C'est le moment de lire toute la littérature que vous n'avez jamais eu le temps de parcourir. Profitez-en pour partager vos lectures avec vos interlocuteurs. Ne les gardez pas pour vous. Pourquoi ne pas faire à une fiche de lecture pour chaque livre lu ? D'abord, cela vous permettra de mieux en mémoriser le contenu... Et puis ce sera l'occasion d'en faire bénéficier quelques-uns de vos contacts. Qui, eux, n'ont pas le temps de lire !

N'hésitez pas à proposer l'envoi du résumé du livre. En cas d'acceptation – ce qui arrive neuf fois sur dix – vous envoyez le document en pièce jointe d'un mail ou par le courrier.

Idée n° 11 : l'envoi des vœux

Ce n'est pas très original, pourtant, de nombreux candidats oublient. Cela ne demande pas beaucoup de temps et permet de créer un contact supplémentaire avec les différents membres de votre réseau. Dans la mesure du possible, je vous conseille d'envoyer une carte de vœux classique. C'est plus valorisant qu'un e-mail.

Profitez de ce contact pour faire passer un message précis. Ne vous contentez pas du simpliste *« Tous mes vœux pour une excellente année »*. Donnez de vos nouvelles, évoquez une prochaine rencontre, faites en sorte que votre carte marque votre interlocuteur. Mais, là encore, adaptez son contenu en fonction du destinataire. Pas de faute de goût : n'envoyez pas des cartes représentant des nounours habillés en bonhomme de neige à un contact du Réseau indirect.

Idée n° 12 : le service personnel

Lors de votre entretien, il est possible que la conversation déborde à la fin sur des sujets plus personnels. Cela peut être l'occasion de détecter un besoin non satisfait chez votre interlocuteur. Il peut s'agir de choses très différentes : parrainage pour entrer dans un club de golf, de tennis, de professionnels ; école pour les enfants, etc.

Si vous avez la possibilité de rendre un tel service, typiquement Réseau, à votre interlocuteur, vous entrez immédiatement dans un échange gagnant-gagnant qui permet, là encore, de créer de façon accélérée une alliance sur une base solide et équilibrée.

Idée n° 13 : simplement donner des nouvelles

Lorsqu'on est candidat, on a toujours l'impression qu'il ne faut pas se manifester si l'on a rien à dire. C'est une erreur. Si vous avez retenu l'attention d'un connecteur, il sera toujours content d'avoir de vos nouvelles. Même s'il n'y a pas de scoops à lui annoncer, vous pouvez toujours lui écrire un mot pour lui donner l'état d'avancement de votre démarche. L'important est de se rappeler à sa mémoire et qu'il constate que vous continuez à progresser.

Facteur de succès n°10

Organisez-vous méthodiquement

De la méthode avant tout

Le Réseau est une affaire d'organisation et d'intendance. Il requiert du temps, beaucoup de temps. Il est donc nécessaire de se discipliner pour gérer cette denrée rare. Les as du *Networking* sont des personnes méthodiques, rigoureuses et attentives au moindre détail. Ils savent que le Réseau se fonde sur la confiance et qu'il ne pardonne pas l'à peu près et la moindre défaillance.

Pour commencer, munissez-vous de cartes de visite. Si vous êtes encore en poste, gardez les vôtres. En revanche, si vous êtes en transition de carrière, surtout ne donnez pas vos anciennes cartes de visite. Faites-en faire un grand nombre avec votre nom et vos coordonnées personnelles. Certains ajoutent leur fonction. Pourquoi pas si votre métier actuel est votre projet d'avenir. En revanche, n'y inscrivez pas de titre type « consultant », sauf si vous faites effectivement du consulting. Restez sobre. D'autres y font figurer leurs diplômes. À partir de 30 ans, cela paraît étrange.

Il faut aussi vous équiper d'un ordinateur et, bien sûr, savoir utiliser les logiciels de base. Si vous ne l'avez encore jamais fait, si vous êtes encore « sourisphobe », c'est le moment où jamais de vous y mettre ! Ayez aussi un agenda pratique – électronique ou non selon votre préférence – où vous reporterez tous vos appels téléphoniques et vos rendez-vous. Si vous optez pour un modèle électronique, apprenez à écrire rapidement dessus car il n'y a rien de plus pénible que d'être en face d'un utilisateur lent. Pour les traditionalistes, plus à l'aise avec un agenda papier, un conseil : écrivez vos rendez-vous au crayon – et surtout pas à l'encre – car vous risquez de devoir en décaler quelques-uns.

Deux outils incontournables : le *Networktracking* et le tableau de suivi

Une fois que la machine est mise en route, il convient de suivre l'avancement de vos contacts grâce au *Networktracking* (modèle en annexe), qui indique le nom des interlocuteurs et les connexions qu'ils ont générées (avec les dates de rendez-vous). C'est un outil qui permet de distinguer, au premier coup d'œil, les différents maillons de la chaîne qui vous ont conduit jusqu'à votre dernier interlocuteur. C'est aussi un excellent outil de mesure du bon avancement de votre activation Réseau. Lorsque le *Networktracking* est plat, quand il ne se déploie pas, cela veut dire qu'il y a un bug et qu'il faut identifier au plus vite la source du problème.

Utilisez aussi un tableau de suivi sous Excel (modèle en annexe) qui aide à gérer votre activation Réseau, son avancement, les relances et l'information que vous vous êtes engagé à faire remonter aux connecteurs. C'est un outil indispensable pour assurer un suivi systématique de toutes vos actions. Il permet aussi de faire des analyses chiffrées de votre activité et de mesurer les écarts entre vos objectifs et vos réalisations. À ce titre, il peut vous être extrêmement utile pour poser un diagnostic sur vos résultats, s'ils se révèlent insuffisants. Il vous montrera clairement à quelle étape se situe le problème : obtention de recommandations, transformation des appels téléphoniques en rendez-vous, etc.

Jamais sans votre téléphone ni votre e-mail

Le téléphone et le mail sont les outils de base pour votre activation du Réseau, mais prenez le temps de les apprivoiser. Le téléphone, d'abord. Vérifiez votre message d'accueil. Est-ce qu'il donne envie de vous appeler ? A-t-on l'impression que vous êtes quelqu'un d'ouvert, de sympathique et de chaleureux ? Si ce n'est pas le cas, réenregistrez-le et faites-le tester par un tiers.

Dans les ateliers que j'anime, j'effectue toujours le test du répondeur. Je demande à l'un des participants son numéro de portable et je l'appelle du poste fixe de la salle en ayant soin de brancher le haut-parleur. Résultat : 80 % des personnes présentes changent leur message téléphonique dans les 24 heures. Même chose pour votre répondeur téléphonique à domicile. Testez-le et réenregistrez-le vous-même. Cela dit, si vous avez des enfants ou des adolescents à la maison, il est préférable de ne donner que votre numéro de portable.

En ce qui concerne Internet, si vous n'avez pas d'adresse e-mail personnelle, prenez-en une sur Yahoo, Orange, Free, Aol, etc. Évitez de garder l'adresse familiale ou celle du couple pour recevoir et envoyer des courriels. Investissez aussi dans l'ADSL si vous comptez faire l'essentiel de vos recherches à partir de chez vous. Listez les sites clés et enregistrez-les dans les favoris de votre ordinateur. Méfiez-vous cependant de ce qu'on appelle la « cyberglande », cette tendance naturelle à perdre du temps sur Internet en surfant d'un site à l'autre.

Incontournable compte rendu

Rédigez systématiquement, dans les 24 heures qui suivent un entretien Réseau, le compte rendu de ce dernier sur le modèle proposé en annexe. Cela peut paraître scolaire, pourtant, c'est indispensable. Dites-vous que vous allez rencontrer beaucoup de personnes et que votre objectif est d'en faire, pour une majorité, des alliés ; autant avoir une trace écrite des nombreuses rencontres que vous allez faire. Vous constaterez vite qu'il est très rassurant de trouver les informations concernant un entretien tenu quelques mois plus tôt lorsqu'on doit revoir la personne dans l'heure qui suit.

Je conseille d'ajouter aussi, sur le compte rendu de chaque interlocuteur, toutes les occasions de contact que vous générerez avec lui par la suite : envoi d'article, invitation à une conférence, etc., afin d'être extrêmement précis dans le suivi et exhaustif sur l'information recueillie sur cette personne. Les professionnels de l'*outplacement* considèrent que, en moyenne, il faut 60 à 70 rendez-vous Réseau pour détecter 3 ou 4 pistes et, finalement, décrocher un job. Bien sûr, ce n'est qu'une moyenne mais elle mérite qu'on s'y arrête pour effectuer un calcul simple : s'il faut 70 rendez-vous Réseau pour trouver l'emploi visé et que l'on en mène que 2 par semaine, la recherche Réseau prendra 35 semaines, soit près de 9 mois ! En revanche, si l'on atteint le score de 5 entretiens Réseau par semaine, la durée d'activation passe en théorie à 3,5 mois. Cette loi se confirme à 100 %, dans notre pratique quotidienne du Réseau, avec nos candidats : les plus actifs sont ceux qui retrouvent un nouveau job le plus vite.

Gérez le succès

Le succès de votre approche Réseau se perçoit quand vous commencez à rencontrer des inconnus. C'est à ce moment-là que votre action Réseau peut générer un effet boule-de-neige et multiplier les contacts potentiels, au point qu'il devient de plus en en plus difficile de tous les traiter. C'est rapidement l'embouteillage. Attention alors à ne pas vous laisser submerger par le nombre d'appels téléphoniques à faire ou de rendez-vous à honorer. Vous risquez de casser la confiance que vous avez commencée à construire. Si vous n'appelez pas les personnes que l'on vous a recommandées, si vous ne pouvez pas remercier vos contacts après un entretien, si vous ne pouvez pas les tenir au courant des rencontres obtenues grâce à leurs recommandations, vous risquez de vous griller auprès du Réseau avec toutes les conséquences négatives que cela suppose.

Respectez les paliers de décompression, gérez votre effort, vous courez un marathon, pas un sprint !

Quand vous sentez que vous êtes sur le point d'aboutir, que vous allez signer votre contrat dans les jours qui suivent : surtout n'arrêtez pas votre démarche Réseau. Continuez ! Assurez vos rendez-vous initialement prévus. Continuez vos appels téléphoniques. Certains candidats arrêtent toutes leurs démarches dès qu'ils croient que c'est gagné et qu'ils sont à deux doigts de décrocher leur nouveau job. Le problème, c'est que le nouvel emploi tant attendu, et maintenant si proche, ne se matérialise pas toujours. La décision que l'on pensait imminente peut prendre du temps, beaucoup de temps, même ne jamais tomber ! Nous voyons de plus en plus de recrutements en cours qui sont retardés, voire annulés. Le réveil pour le candidat trop confiant risque d'être brutal, d'autant plus violent si, entre-temps, il a complètement arrêté son activation Réseau. Donc n'arrêtez pas, honorez vos entretiens programmés même après avoir signé votre nouveau contrat de travail, on ne sait jamais.

Un travail à temps complet

Activer le Réseau requiert du temps. Beaucoup de temps. Aussi, il convient de s'organiser. Il faut éliminer tout ce qui n'est pas essentiel. Il est indispensable de tenir à jour quotidiennement tous vos outils de suivi. En cas de retard, je vous recommande de vous rattraper le week-end car c'est là que vous ferez aussi la différence avec les autres compétiteurs du marché de l'emploi. Organisez soigneusement vos semaines et vos journées. Prévoyez d'avoir une visibilité à trois semaines de votre emploi du temps. Gardez le rythme : en vitesse de croisière, vous devez avoir au minimum cinq entretiens Réseau par semaine. Vous pouvez monter jusqu'à dix. L'objectif est d'être le mieux informé et le premier à connaître les opportunités sur le marché.

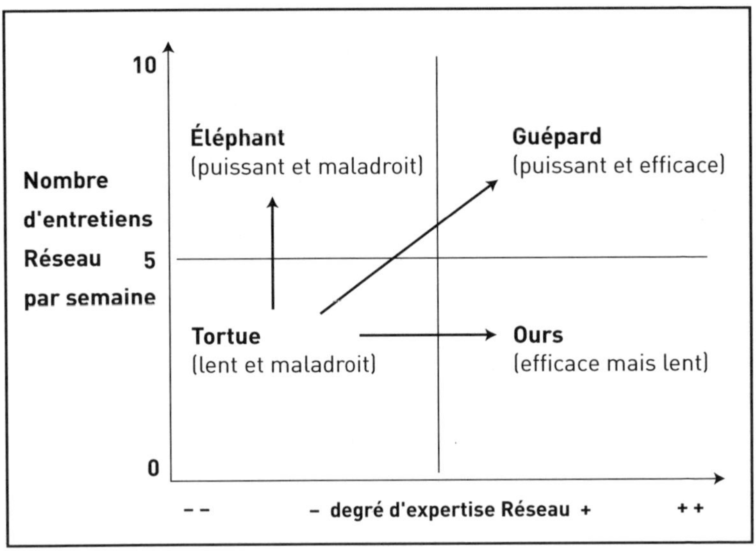

Matrice de dynamique Réseau

L'aspect chronophage du Réseau ne doit cependant pas vous faire tomber dans un activisme forcené et faire de vous un stakhanoviste de cette technique de recherche d'emploi.

Gardez un peu de votre temps pour votre famille, vos amis, le sport, un hobby et vos loisirs. Mais, là encore, organisez-vous. Planifiez des plages de temps précises et limitées pour cette respiration mentale. Le plus simple est de libérer le week-end pour cela. Et rien ne vous empêche de vous libérer une demi-journée supplémentaire dans la semaine pour faire quelque chose qui vous fait plaisir et que vous n'aviez jamais le temps de faire jusque-là. L'essentiel, à ce stade, consiste à structurer son temps afin de l'optimiser.

La chance sourit aux entraînés

Ne pas s'entraîner, c'est se préparer à rater. En matière de Réseau, rien ne remplace l'entraînement. Il faut s'entraîner avant d'activer le Réseau et il faut continuer une fois que l'on a plongé dedans. Pour cela, il vous faut trouver un partenaire avec lequel faire vos gammes. Cela peut être un professionnel de l'*outplacement,* un autre candidat, voire une relation qui accepte de vous accompagner dans vos activités de recherche d'emploi. En cabinet d'*outplacement,* je passe beaucoup de temps à entraîner les candidats qui travaillent avec moi. J'enregistre certaines séances au magnétophone, d'autres en vidéo, et je suis souvent enthousiasmé par les progrès que je constate entre la toute première « prise » et le résultat final. C'est vraiment la preuve que le travail paye.

Un candidat peut être doué, talentueux, intelligent, il ne sera bon que s'il s'entraîne. Comme ces champions de golf qui passent leur temps au practice. Le public qui admire leur puissance et leur précision sur le parcours n'imagine pas le travail qu'il y a derrière la fluidité du geste et la précision du coup. Le béotien y voit de la chance alors que c'est le fruit de la persévérance et d'un travail assidu. Une bonne façon de parfaire l'entraînement des candidats que j'accompagne consiste à les faire recevoir par d'autres consultants du cabinet dans lequel je travaille. En quelques simulations d'appel et d'entretien Réseau avec d'autres professionnels d'*outplacement*, je sais immédiatement si tel candidat est prêt.

Réflexes de pros

Un certain nombre de réflexes sont utiles pour votre démarche Réseau. Je veux parler de ces détails qui, ajoutés les uns aux autres, vous permettent d'atteindre plus facilement et plus rapidement votre objectif. Je vous conseille ainsi :

- d'annoter les cartes professionnelles que vous recevez. Par exemple, à la sortie d'un entretien, marquez la date et les mots clés de votre discussion ;
- d'entretenir votre mémoire des noms et des visages, en notant sur la carte reçue une éventuelle ressemblance de votre interlocuteur avec une personne célèbre ou de vos connaissances ;
- de classer ces cartes et de les réorganiser régulièrement ;
- d'avoir toujours un stock de cartes de visite personnelles sur vous, chez vous, dans votre voiture et dans votre mallette ;
- de commencer à rédiger vos cartes de vœux dès le début du mois de décembre ;
- de proposer et d'écrire des articles (pour peu que vous ayez, bien sûr, des choses intéressantes à dire) pour des revues professionnelles ;
- de donner ou d'organiser des conférences ;
- de participer à des colloques sur votre métier ou votre projet ;
- d'être actif dans une association ou un club ;
- de mettre à jour quotidiennement vos données Réseau ;
- de rechercher des informations sur les personnes cibles sur Google ;

- de vous rendre aux salons professionnels pour créer des premiers contacts ;
- d'être facilement joignable et de répondre vite aux messages qui vous sont laissés.

Et si je suis encore en poste ?

L'activation du Réseau demande du temps. Si vous êtes encore en poste, vous êtes désavantagé par rapport à une personne en transition de carrière qui peut y consacrer, sinon tout son temps, du moins une grande partie. Raison de plus pour bien vous organiser. Les heures consacrées au *Networking* étant limitées, il faut planifier des plages de liberté pour passer vos appels téléphoniques et rencontrer des interlocuteurs ciblés. Les RTT, pour ceux qui en bénéficient, constituent une aubaine. Profitez-en pour y caser un maximum d'entretiens.

N'hésitez pas à prendre aussi quelques jours de vacances, sacrifiés utilement sur l'autel de la recherche Réseau. Et puis prenez quelques petits-déjeuners, déjeuners et pots du soir.

Cela dit, le fait d'être en poste confère un avantage non négligeable : celui de la posture professionnelle puisque vous avez un job tout comme votre hôte. Vous êtes là pour échanger entre professionnels en poste. Il n'y a aucun risque de mauvaise interprétation de votre démarche. C'est plus facile, mais cela ne compense pas le manque de temps que vous pouvez consacrer au Réseautage.

Partie 2

Les bonus du Réseau

1

Maximisez l'utilisation du Réseau

Pour préparer une offre de service renseignée

Comme je le soulignais au début de cet ouvrage, il est conseillé, en recherche d'emploi, de ne pas mettre tous ses œufs dans le même panier et de ne pas focaliser ses recherches uniquement sur le Réseau. Quel que soit le niveau de responsabilité, il convient d'essayer en parallèle la méthode de l'offre de service renseignée.

Celle-ci consiste à cibler un petit nombre de sociétés et à rédiger pour chacune un courrier très pointu et très documenté adressé au président ou au DG sans y joindre de CV. Cette approche se révèle précieuse si, malgré tous vos efforts, vous n'avez pas pu obtenir une recommandation vous permettant de rencontrer votre cible en face à face. L'objectif est de proposer ses compétences dans le cadre d'une problématique ou d'une opportunité préalablement identifiée. Il est clair que ce type d'approche requiert beaucoup de préparation car l'approximation n'y a pas sa place. On considère qu'il faut un minimum de trois jours ouvrés de recherches pour être en mesure de rédiger la lettre capable de faire mouche.

Le Réseau peut constituer une aide précieuse dans ce type de démarche. En effet, il peut vous fournir l'information que vous ne trouverez pas dans la presse ou sur Internet. Il suffit que votre cible soit clairement identifiée pour que, en deux ou trois connexions, vous puissiez interviewer une personne proche de cette dernière et capable de vous confier les données qui vont vous permettre de faire la différence dans votre lettre de candidature. Cela vous prendra un peu plus de temps, mais là encore le jeu en vaut la chandelle.

Le Réseau pour répondre à une annonce

Paradoxalement, le Réseau peut aussi vous permettre d'être beaucoup plus performant dans vos recherches *via* les petites annonces si, bien sûr, la société est identifiable. Comment ? Simplement en vous servant de l'annonce pour connaître le poste vacant et en utilisant ensuite le Réseau pour faire parvenir votre candidature en haut de la pile.

Comment faire ?

Phase 1 : détectez l'offre dans la presse.

Phase 2 : ne répondez pas à l'annonce mais activez votre Réseau pour rencontrer, *via* une bonne recommandation, un décideur appartenant à cette société.

Phase 3 : utilisez cet entretien pour vous connecter au recruteur. L'objectif n'est pas de laisser votre CV mais de rencontrer la personne qui recrute.

Phase 4 : présentez-vous à l'entretien Réseau/embauche, c'est-à-dire à un entretien où vous arrivez avec une recommandation puisqu'un connecteur vous a déjà rencontré !

L'exercice est difficile car il faut repérer rapidement le bon connecteur. Le résultat n'est pas garanti, mais c'est la meilleure façon de ne pas être noyé dans la masse des réponses.

Le Réseau quand le Réseau ne marche pas

Vous avez ciblé une société, vous rencontrez la personne désirée et, malgré la qualité de l'entretien, vous sortez avec deux contacts à l'extérieur mais pas de piste en interne. Si vous êtes un réseauteur candide, vous en concluez qu'il n'y a pas de recrutement en cours dans cette entreprise et vous passez à une autre cible. Vous agissez alors comme un chercheur d'emploi et non pas comme un détecteur d'opportunités. Qui vous dit qu'un poste ne va pas se libérer bientôt dans un service proche ? Qu'est-ce qui vous fait penser que votre interlocuteur du jour est au courant de tout ce qui se passe autour de lui ?

Le réseauteur efficace est accrocheur et pragmatique. Il peut rencontrer plusieurs personnes d'une même entreprise sans aucun problème. Il fait juste attention à espacer de quelques semaines les rendez-vous pour exercer une veille active sur cette société cœur de cible. Son objectif est simplement de se faire connaître par un maximum de personnes au sein d'une même entreprise. Dans le cas de grandes sociétés, cette approche est hautement recommandable car, même si on vous affirme que toutes les embauches sont gelées, il s'avère qu'il y a toujours un service ou une entité qui bénéficie d'une dérogation. Cette démarche à entrées multiples commande de jouer la transparence. Il s'agit de ne pas cacher le fait que vous avez déjà rencontré d'autres personnes de la société. En agissant avec tact et avec l'esprit Réseau, vous passerez pour quelqu'un de motivé et de tenace, et, surtout, vous multiplierez vos chances de détecter et prendre le job tant convoité.

2

Trouvez un mentor Réseau

L'accompagnement d'un mentor

Rechercher un emploi est, pour 99 % des personnes, une activité nouvelle, anxiogène et compliquée. Dans mon métier, je rencontre régulièrement un certain nombre de cadres supérieurs et dirigeants qui, du jour au lendemain, se retrouvent avec un agenda vide. Le réveil est d'autant plus difficile que la rupture est soudaine. La perte brutale du pouvoir et de ses avantages annexes est douloureusement ressentie. L'image personnelle en souffre. L'individu doute, la famille est perdue et les amis et les connaissances se divisent en deux camps : les compatissants maladroits et les amnésiques soudains.

À ce stade, l'accompagnement d'un mentor se révèle très utile. Cela peut être un professionnel de la mobilité professionnelle et du Réseau ou simplement un ami, un ancien collègue, quelqu'un qui accepte de vous guider dans cette nouvelle et importante aventure. L'essentiel consiste à pouvoir échanger sur votre pratique avec un expert capable de vous aider à améliorer votre technique et de vous soutenir dans cet effort. Votre mentor doit vous faire gagner un temps précieux, en vous permettant d'analyser et de corriger les nombreuses erreurs du néophyte.

L'irrésistible montée du coaching de Réseau

Le coaching est à la mode et ce n'est qu'un début, car les entreprises et les cadres en apprécient de plus en plus l'apport. Aux États-Unis, on assiste à un phénomène étonnant : un nombre croissant de cadres et de dirigeants confient aujourd'hui la gestion de leur carrière à un agent. En phase de recherche d'emploi, les professionnels de l'*outplacement*, qui maîtrisent très bien les phases du bilan et du projet, sont maintenant attendus sur le terrain de l'activation. Et principalement sur celui du Réseau.

Il ne s'agit plus de proposer une demi-journée de formation sur le *Networking* au candidat et de le suivre de loin une fois tous les 15 jours. Cela consiste à mettre en oeuvre un programme Réseau beaucoup plus ambitieux et exigeant et des outils de diagnostic pertinents qui permettent de corriger le tir, quand cela se révèle nécessaire.

Dans le monde du sport, les champions ne parlent plus d'entraîneur mais de coach. Le tennisman d'aujourd'hui dédie sa réussite, ni à son père ou sa mère, mais à son coach. S'il n'est pas satisfait de ses résultats, il change de coach !

Faire du coaching de Réseau ne s'improvise pas. Il faut d'abord s'assurer que le candidat ait reçu la formation de base et soit passé par les différents stages de perfectionnement (appel Réseau, entretien Réseau, suivi Réseau et partage d'expérience). Par la suite, c'est un rapport de confiance qui s'instaure entre deux professionnels, en respectant la personnalité et le rôle de chacun.

Trouvez le bon mentor

Si vous n'avez pas la possibilité d'être suivi par un professionnel du Réseau, essayez de trouver un mentor professionnel qui accepte de vous guider et de vous suivre dans votre recherche d'emploi. Choisissez bien la personne qui va vous accompagner. Pour cela, elle doit réunir certains critères, notamment :

- être disponible une heure par semaine, si possible toujours le même jour, à la même heure ;
- connaître les principes de l'activation Réseau. À ce titre, un ancien candidat qui a suivi cette démarche pour trouver son emploi actuel est un must ;
- être ni complaisante, ni stressante. Ni mère Teresa, ni un sergent de la légion étrangère.

Je vous conseille, pour des raisons déjà expliquées plus haut, d'opter pour quelqu'un qui ne soit pas trop proche de vous. Choisir son conjoint ou son propre frère, par exemple, n'est pas une bonne idée. Il est préférable de jeter votre dévolu sur quelqu'un qui ne vous connaît pas trop au plan personnel. Plus vous serez dans un rapport de type professionnel à professionnel avec votre mentor, plus vous créerez les bonnes conditions pour avancer efficacement. À ce titre, là encore, évitez les déjeuners et tout ce qui pourrait créer une relation trop amicale avec lui. Pendant votre collaboration, restez dans un rapport d'égal à égal, ne le laissez pas prendre un quelconque ascendant sur vous. Il n'est ni votre persécuteur, ni votre sauveur, ni votre victime. Il accepte simplement de vous rendre un service. Il sera peut-être temps, lorsque vous aurez atteint votre but, de devenir amis.

Comment demander à quelqu'un d'être votre mentor ?

Une fois que vous avez identifié la bonne personne, il faut lui proposer de jouer ce rôle auprès de vous. Pour cela, ne soyez pas timide, lancez-vous car le meilleur moyen de ne pas obtenir quelque chose consiste à ne pas le demander. Votre requête doit être claire et argumentée. Il s'agit bien de vous accompagner pendant votre activation du Réseau. Pour clarifier votre demande, rédigez un « contrat type de coaching Réseau ». Ce document regroupe ce que vous demandez à votre mentor. N'hésitez pas à le lui soumettre et à en discuter avec lui, cela favorisera votre échange en partant de critères simples et explicites. Parlez en avec lui et amendez ce document pour qu'il corresponde à votre situation et à la personnalité de votre accompagnateur pressenti.

Ce n'est pas facile de solliciter ce type d'aide. On s'expose toujours au risque d'un refus. N'hésitez pas, si vous en avez la possibilité, à utiliser une recommandation pour donner du poids à votre demande. Cela peut faire la différence. Soyez aussi conscient qu'en sollicitant cet accompagnement professionnel, vous reconnaissez la valeur professionnelle et humaine de votre interlocuteur. Et puis, une heure par semaine, cela se trouve ! En vous suivant dans votre parcours Réseau, il peut lui aussi apprendre beaucoup de choses qui lui seront utiles par la suite.

Vos engagements vis-à-vis de votre mentor

Pour bien fonctionner avec votre mentor, vous devez respecter un certain nombre de principes simples. Listons les rapidement :

- ne considérez pas votre mentor comme un thérapeute, voire un punching-ball (si vous avez besoin de l'un ou de l'autre, faites le nécessaire, mais en parallèle) ;
- travaillez de façon sérieuse et régulière entre vos rendez-vous hebdomadaires ;
- respectez vos rendez-vous et tenez vos engagements et vos promesses ;
- donnez le meilleur de vous-même en mettant les moyens derrière les objectifs que vous avez définis ensemble ;

- ne trichez pas, exposez les faits franchement. Dites toujours la vérité pour qu'il puisse vous aider efficacement. Il n'est pas là pour vous juger mais pour vous faire réussir ;
- ne lui faites pas perdre son temps ;
- déterminez une période de collaboration limitée : six mois par exemple. C'est important qu'il y ait une date butoir fixée dès le début ;
- ne sollicitez pas, n'écoutez pas d'autres mentors potentiels, sous peine de confusion et de brouillage.

3

Utilisez la force du groupe

Plus jamais seul

En phase de recherche d'emploi, la solitude est le pire des maux. Soit vos proches travaillent et vous ne les voyez pas assez, soit ils ne travaillent pas et vous les voyez trop. Plus exactement, vous avez l'impression qu'ils vous voient trop. Par ailleurs, pour vous ressourcer et vous motiver, il est primordial de partager votre préoccupation du moment avec des personnes qui peuvent vous écouter, vous comprendre, voire vous conseiller. En d'autres termes, il est essentiel d'éviter le syndrome « Lucky Luke » qui se traduit par un comportement de cow-boy solitaire qui n'a besoin de personne et qui se débrouille tout seul.

Rejoindre un club de chercheurs d'emploi permet de bénéficier de l'expérience et des conseils des « anciens », de s'enrichir au contact de personnes qui ne font pas le même métier que vous, de trouver une atmosphère de solidarité et d'empathie particulièrement précieuse dans cette période de transition. Et aussi de nouer des nouvelles relations Réseau pour mieux rebondir.

Chercher un emploi est un travail à temps complet, autant le faire avec d'autres cadres qui partagent le même objectif que vous et dont toute l'énergie est concentrée sur la quête d'un nouveau job.

Job club et groupe Réseau

Beaucoup de clubs de recherche d'emploi suivent le modèle développé dans les années 1980 par le psychologue Nathan Azrin et résumé dans son ouvrage *Job Club Counselor's Manual : A Behavioral Approach to Vocational Counseling.* Globalement, le principe de ces groupes est que leurs membres se réunissent régulièrement et organisent leurs meetings autour de trois grandes séquences :

- tour de table où, en quelques minutes, chacun fait le point sur l'état de ses recherches ;
- demandes faites au groupe par certains membres de les aider sur un point particulier (expertise, conseils, pistes, idées, *problem solving,* etc.) ;
- clôture de la session par la revue des objectifs à atteindre par chacun, à la prochaine réunion.

Les groupes Réseau s'inspirent fortement de ce concept, à la différence qu'ils sont uniquement concentrés sur les échanges de recommandations, de noms, de pistes ou d'idées de pistes. Cela suppose que les participants au groupe aient obligatoirement un projet solide et validé, des cibles précises, le mode d'emploi du Réseau bien en tête et l'esprit Réseau.

La force du groupe

Dans son livre *Le point de bascule,* Malcolm Gladwell explique très bien ce qu'il appelle *« le pouvoir du contexte »,* c'est-à-dire l'importance du conditionnement positif des personnes. Il démontre ainsi combien le succès et l'atteinte d'un objectif dépendent souvent plus du contexte positif dans lequel on opère que de soi-même. La même personne peut devenir, selon l'environnement dans lequel elle est placée, excellente ou très mauvaise. Le contexte nous influence : mettez un cadre dans un piège à rats et il se comportera comme un rat. Mettez le même cadre dans une équipe de gagnants, non seulement il gagnera, mais en plus il aidera les autres à gagner. D'où l'importance de rejoindre un groupe de chercheurs d'emploi qui a la pêche et qui croit en son succès. Il est préférable de s'entourer d'individus gais, agréables et positifs pour avancer dans la bonne voie. Il faut encourager ce cercle vertueux. Le groupe doit fêter les succès des uns et des autres et ceux qui le quittent doivent continuer à soutenir leurs camarades en recherche.

Les groupes Réseau

Rejoindre un groupe de chercheurs d'emploi qui applique les techniques du Réseau est un accélérateur de succès indéniable. C'est une excellente façon de se lancer dans le Réseau avec le soutien amical de ses pairs. Ces groupes Réseau sont différents des groupes classiques de recherche d'emploi, dans la mesure où ils sont essentiellement consacrés à la recherche *via* le Réseau. Ils ne sont donc pas concurrents mais complémentaires. En effet, le fait de participer aux séances régulières du groupe vous permet de récolter des recommandations et de rencontrer des personnes riches d'expériences par rapport à votre projet. Pour quelqu'un qui n'a aucun réseau personnel – dans l'hypothèse où cela existe –, un tel groupe représente une excellente façon de démarrer son activation Réseau. Par ailleurs, la possibilité d'assister à ce type de séances constitue un formidable apprentissage aux techniques du Réseau, dans la mesure où l'on apprend autant de ses propres expériences que de l'écoute de celles des autres. Je recommande vivement aux cadres supérieurs en repositionnement professionnel d'adhérer à un groupe de recherche d'emploi, voire deux, pour démultiplier les contacts et croiser les réseaux ainsi créés. Certes, ce n'est pas la réussite assurée dans 100 % des cas, mais cela fait partie du cercle vertueux à mettre en œuvre.

Quelques associations d'anciens élèves ont eu l'idée de créer en leur sein des groupes Réseau. L'ESSEC en 2001, Sciences Po en 2003. D'autres grandes écoles sont en train de les suivre sur cette voie. J'ai eu la chance de participer à cette aventure des « groupes Réseau » et je reste un fervent supporter de cette idée, même si je n'ai plus la possibilité de leur consacrer autant de temps qu'à mes débuts dans le métier.

Si vous ne faites pas partie d'une association d'élèves de grandes écoles, sachez qu'il existe des groupes Réseau indépendants qui appliquent les mêmes recettes. Et puis, à l'extrême, pourquoi ne pas créer un groupe Réseau vous-même ? Il suffit de rallier une quinzaine de candidats ouverts et initiés aux techniques du Réseau autour de vous, de trouver un lieu de rendez-vous et c'est parti !

Le nombre et la qualité créent l'efficacité

J. C. Maxwell souligne parfaitement l'importance d'adopter une démarche professionnelle en disant : « *Tant et aussi longtemps que vous vous entourez d'amateurs, vous penserez comme un amateur, vous agirez comme un amateur, vous aurez des résultats d'amateur et vous plafonnerez à un niveau d'amateur.* »

Choisissez soigneusement votre groupe et ses membres pour être sûr d'y trouver des personnes susceptibles de vous aider et d'être aidées par votre carnet d'adresses. Vérifiez aussi, dans la mesure du possible, que les participants ont un état d'esprit positif et optimiste, car l'atmosphère générale du groupe joue un rôle essentiel dans la réussite de chacun.

Dans ces groupes de recherche, il est important de se retrouver régulièrement pour travailler ensemble sur ses cibles, sur sa présentation personnelle et sur l'échange de recommandations. Voici plusieurs règles simples :

- débuter les sessions à l'heure fixée (tant pis pour les retardataires) ;
- fixer un nombre de minutes par participant (à chacun de gérer son temps pour se présenter et récupérer les idées et

les recommandations). Quatre à cinq minutes par intervenant sont amplement suffisantes ;

- désigner un gardien du temps qui doit indiquer quand le temps imparti à chaque personne est écoulé ;
- imposer à chaque fois une trame de présentation (structure et/ou temps) pour habituer les participants à savoir se présenter dans toutes les circonstances ;
- rédiger un compte rendu de toutes les séances pour noter les recommandations données par les uns et obtenues par les autres ;
- demander à chaque participant d'informer son connecteur des suites de la recommandation qu'il lui a donnée.

Périodicité et durée

Concernant la périodicité des réunions, il n'y a pas de règle en la matière. En effet, se retrouver toutes les semaines pour échanger des contacts constitue un délai trop rapide pour mettre en œuvre les recommandations obtenues et leur laisser le temps de produire leur effet. Toutes les deux ou trois semaines me paraît, d'expérience, une périodicité idéale pour optimiser l'action Réseau du groupe. Je recommande de choisir un jour et une heure fixes dans la semaine, par exemple : un lundi soir sur trois, de 17 à 20 heures. Les lundis sans réunion Réseau, vous pouvez caler des conférences, des interventions ou des séances d'échange sur le Réseau.

Il est préférable de déterminer une durée maximale pour chaque participant. Un an par exemple. Ce principe contribue à la motivation des candidats en fixant une date couperet à chacun. Ce n'est pas facile de voir sortir d'un groupe Réseau des personnes qui, au bout d'un an, n'ont pas trouvé de job. Mais l'expérience prouve que c'est nécessaire car :

- ces candidats ont utilisé la grande majorité des connexions potentielles du groupe ;

- ils n'apportent plus de dynamique aux autres participants.

Je recommande à ces candidats de rejoindre un autre groupe Réseau pour partir sur de nouvelles bases avec un gisement de contacts vierge. En parallèle, je leur suggère de faire un diagnostic complet de leur approche Réseau avec un spécialiste.

4

Identifiez les réseaux existants

Sélectionnez les bons réseaux

Il existe une multitude de réseaux. Certains sont connus et officiels, d'autres sont beaucoup plus discrets. Tous les ans le magazine *Courrier Cadres* publie une enquête sur les meilleurs réseaux pour trouver un emploi. D'autres magazines professionnels réalisent occasionnellement le même type de dossiers et le livre d'Alain Marty, *Réseaux d'influence,* est un best-seller. Si l'on s'intéresse de plus en plus aux réseaux, c'est qu'ils sont reconnus comme d'excellents détecteurs d'emplois.

Mais trop de choix tue le choix. Il y en a tellement qu'on ne sait plus quoi faire : lequel approcher ? Comment y entrer ? Qu'est-ce que je peux en attendre ? Vérifiez d'abord si vous êtes déjà dans un réseau sans vous en rendre compte. Ce peut être un club de sport, hippique, de golf, de tennis, une association de parents d'élèves ou religieuse, etc. Ces réseaux non professionnels sont étonnamment efficaces et il ne faut pas les négliger. Vous y trouverez d'excellents connecteurs, si vous osez communiquer sur votre facette professionnelle.

Réseaux : mode d'emploi

Intégrer l'un de ces réseaux n'est pas facile. D'abord parce qu'il faut l'identifier. Ensuite parce qu'une fois que vous en avez détecté un, il faut parfois être parrainé.

Les réseaux professionnels sont de très bons cercles d'échange et de partage. A priori, il est facile de les identifier. Dans la pratique, beaucoup de professionnels ne connaissent pas les associations liées à leur métier. Pour ma part, j'encourage les candidats à rejoindre les associations du type ANDCP, DFCG, Association des Directeurs Commerciaux de France, etc.

L'erreur classique consiste à intégrer un réseau, en adoptant une attitude de vautour, avec un seul objectif : tout prendre et ne rien donner. Lorsqu'on intègre un réseau particulier, il convient d'en comprendre rapidement le mode de fonctionnement et de s'y faire connaître et apprécier. À ce stade, l'humilité, le dynamisme et le sens du service sont vos meilleurs alliés.

Entrecroisez les Réseaux

Charles est un exemple intéressant. Profil de directeur marketing international, il représente le parfait homme de Réseau. Son Palm-pilot regorge de noms et lorsque vous lui demandez des contacts, il vous en fournit une demi-douzaine avec la générosité qui le caractérise. Cependant, malgré la richesse de son carnet d'adresses et sa participation à différents ateliers Réseau au sein d'un cabinet d'*outplacement,* Charles ne trouvait pas le job qu'il visait. Le soir où je l'ai rencontré, je lui ai conseillé d'intégrer, en tant qu'ancien de l'ESSEC, ESSEC Plus, le groupe recherche d'emploi par le Réseau des anciens de cette école. Six semaines après, il décrochait un job grâce à un contact donné lors de l'une des réunions à laquelle il avait participé à la Maison des ESSEC.

Voyage au bout des réseaux

Il existe beaucoup d'associations de chercheurs d'emploi qui constituent une excellente base pour se constituer un réseau emploi performant. À Paris, il existe :

- Acte (Paris 6e)
- Solidarités Nouvelles face au chômage (Paris 9e) ;
- La porte ouverte (Paris 9e) ;
- Intercadres (Paris 9e) ;
- MCC (Mouvement Chrétien des Cadres, Paris 7e) ;
- CPE (Cadres Pour l'Entreprise, Paris 7e) ;
- Club Accueil Cadres Saint-Vincent (Paris 16e) ;
- Avarap (Paris 14e) ;
- ADIE (Association pour le Droit à l'Initiative Économique, Paris 9e),
- ACE (Accompagnement Chercheurs d'Emploi, Paris 17e) ;
- CDME (Cadre de Direction Multi Employeurs, Paris 15e) ;
- PIVOD (Perspective Initiative Valorisation Opportunité Disponibilité, Paris 17e) ;
- PETRA (Passage et Transition, Paris 16e) ;
- Nouvelle Donne (Paris 9e) ;
- MIRP Entreprise (Paris 8e) ;
- Club des Cadres en Recherche d'Emploi (Paris 6e) ;
- IAE (Initiative Action Emploi, Paris 4e) ;
- Retravailler (Paris 15e) ;
- Espace 3 A (Paris 8e) ;
- Antares (Paris 16e) ;
- Réseau Daubigny (Paris 17e) ;
- Oudinot (Paris 7e) ;
- Dynamicadres ;

Dans la région parisienne, on trouve :

- Association Cadres et Emploi (Bailly) ;
- CQFD Cadres 78 (Le Vésinet) ;
- Compétences (Pantin) ;
- CQFD Cadres 78 (Le Vésinet) ;
- Groupe Humanis (Levallois-Perret) ;
- Relais Emploi Solidarité (Fourqueux) ;
- Groupe Emploi Cadre (Meudon) ;
- Groupe d'Emploi des Cadres vers l'Emploi (Vernouillet) ;
- GRED (Puteaux) ;
- Job et Cie (Versailles) ;
- OSER (Versailles) ;
- Solidarité Cadres Yvelines (Versailles) ;
- Acte 78 (Poissy) ;
- BAE (Boucle Accueil Emploi, Chatou) ;
- CCAE (Cercle Cadres Action Emploi, Antony) ;
- CEAS 92 (Centre d'études et d'action sociale, Boulogne).

En province, on trouve beaucoup d'intervenants qu'il serait trop long de lister. Vous pouvez les identifier facilement grâce au Réseau, aux associations parisiennes ou à l'Apcc.

Les réseaux des écoles

Les diplômés d'écoles de commerce et d'ingénieurs ont la chance de pouvoir bénéficier du soutien de leur association d'anciens élèves. La situation de transition de carrière est, pour beaucoup de candidats, l'occasion de payer, après plusieurs années d'oubli, leur cotisation annuelle. Ils découvrent alors l'existence du service Orientation Carrière de leur association et l'annuaire des anciens. Il faut tirer un grand coup de chapeau au travail effectué par les permanents de ces associations, car ils sont vraiment au service des candidats et font tout pour les aider et faciliter leurs recherches. Ils sont à la fois psychologues, conseils, orienteurs, détecteurs d'opportunités, animateurs, innovateurs et accompagnateurs.

Depuis quelques années, la plupart de ces associations ont développé des groupes d'activation qui permettent aux candidats de travailler ensemble et d'échanger de l'information et des contacts Réseau. Les écoles les plus à la pointe ont mis sur pied des groupes Réseau spécifiques qui se réunissent régulièrement et dont le seul objectif est de donner et de recevoir des recommandations, en fonction des projets des uns et des autres. On trouve ainsi à la Maison des ESSEC les groupes ESSEC +, Talents + et même JD+ (Jeunes Diplômés). À l'association des anciens élèves de Sciences Po Paris, il existe le groupe Sciences Po Synergies. Au sein des anciens de l'École des Mines, il faut noter l'existence du groupe UFF (l'Union Fait la Force) qui regroupe une équipe solidaire de bénévoles très actifs et très ouverts à l'idée du Réseau.

Les réseaux des anciens de l'entreprise

C'est étonnant le nombre de réseaux qui existent en France. Ainsi, beaucoup de cadres ayant quitté une grande entreprise ont eu l'idée de créer une association d'anciens. On trouve ainsi une multitude de petits groupes d'ex-salariés de sociétés connues tels que :

- les petits Gédés (anciens commerciaux de Gervais Danone) ;
- le Club Mc Kinsey ;
- le Colgate Business Club ;
- l'Unilever Club ;
- Desunilog (les anciens d'Unilog)
- le Lesieur Business Club ;
- Honorix (les anciens managers de Rank Xerox) ;

- le Club Proctérien ;
- les anciens de Hewlett Packard ;
- les anciens de PWC (Pricewaterhouse & Coopers Lybrandt) ;
- etc.

Les réseaux féminins

Les clubs professionnels de femmes, en plein essor, constituent une vraie chance pour celles qui cherchent un nouveau job. On y trouve un esprit de solidarité et d'entraide extrêmement positif. Amicales d'anciens élèves, clubs de réflexion, réseaux d'entraide, associations professionnelles : ces espaces d'échange et de partage d'informations et de contacts sont de plus en plus prisés. C'est une excellente façon de rester en contact avec le monde des affaires et de l'emploi ou d'y revenir après une interruption plus ou moins longue.

À vous ensuite de choisir la bonne association ou le club professionnel en fonction de votre métier ou projet. En voilà une liste non exhaustive :

- GEF (Grandes Écoles au Féminin) ;
- AFFDU (Association Française des Femmes Diplômées des Universités) ;
- Association des Femmes Haut Fonctionnaires ;
- Arborus ;
- FEW (Forum for Women Entrepreneurs) ;
- HRM Women (Human Ressource management) ;
- PWN (Professionnal Women Network) ;
- Woman Ray Club ;
- Ladies First ;
- Action'elles (créatrices d'entreprises) ;
- Force Femmes ;
- Business and Professionnal Women ;

- Action de Femme ;
- Dirigeantes ;
- Association des femmes ingénieurs ;
- Association française des femmes juristes ;
- Femmes et finances ;
- Femmes et Sciences ;
- Fashion Group Paris ;
- CEW Cosmetic Executive Women ;
- Union Internationale des femmes architectes ;
- Cyber-Elles.

Les réseaux professionnels

Les réseaux professionnels sont incontournables. Ce sont des mines d'informations et de contacts. Non seulement il faut intégrer celui qui correspond à votre métier ou secteur d'activité mais il faut aussi y être actif si vous voulez rencontrer un maximum de personnes et être visible. N'oubliez pas que vous devez toujours donner avant de recevoir, alors investissez du temps et de l'énergie dans les fonctions ou les missions que l'on vous confiera. Cela dit, les réseaux professionnels, en recherche d'emploi, ne sont pas la panacée car vous risquez de vous trouver en compétition avec d'autres candidats à un job.

Voici quelques associations utiles à contacter :

- AFDCC – Association Française des Crédit Manager et Conseil ;
- DFCG (Directeurs Financiers et Contrôleurs de Gestion) ;
- Club Européen des Ressources Humaines ;
- ANDCP (Ressources Humaines) ;
- Adetem (Marketing) ;
- AFM (Marketing) ;
- Aslog (Logistique) ;

- AFJE (Association Française des Juristes d'Entreprise) ;
- AFTE (Association Française des Trésoriers d'Entreprise) ;
- DCF (Dirigeants Commerciaux de France) ;
- IFACI (Institut de l'Audit Interne) ;
- AFAI (Audit) ;
- ANDSI (informatique) ;
- SOFAQ (Assurance Qualité) ;
- CDAF (Achat) ;
- APDC (Comptabilité et Gestion)
- SFAF (Analyse Financière).

Les réseaux de prestige

On les connaît de nom. Pour certains, ils sont et resteront inaccessibles au commun des cadres. Dans la grande majorité de ceux-ci, on entre par parrainage. Il est préférable d'y accéder lorsqu'on est en poste plutôt qu'en période de transition de carrière. En voici quelques-uns parmi les plus connus :

- Le Siècle ;
- Club des vigilants (Marc Ullmann, Bernard Esambert) ;
- Entreprise et Avenir ;
- Institut Montaigne ;
- Cercle Républicain ;
- Le Grand Orient de France ;
- Grande Loge Nationale de France ;
- Grande Loge de France ;
- Polo de Paris ;
- Rotary ;
- Cercle de l'Union Interallié ;
- L'Automobile Club de France ;
- Lions Club ;

- Maxim's Business Club ;
- Centre des Jeunes Dirigeants ;
- Entreprise et Cités ;
- L'Institut de l'entreprise ;
- Entreprise et Progrès ;
- Croissance Plus.

Les autres réseaux

Pour vous donner des pistes de recherche de réseaux, vous trouverez ci-dessous d'autres associations, clubs et lieux d'échange de différents horizons. À l'époque d'Internet, nul besoin de faire figurer leurs coordonnées. En tapant leur nom sur un moteur de recherche, vous trouverez toute l'information les concernant :

- Interfrench ;
- Team (Trans Expertise Auto Management) ;
- ACB (Association des Cadres Bretons) ;
- Auvergne Business Club ;
- Club des Ardéchois de Paris ;
- Anciens élèves de l'École Alsacienne ;
- Club du Millénaire ;
- Mouvement des Cadres Chrétiens ;
- Entrepreneurs et Dirigeants Chrétiens ;
- Wine & Business Club ;
- Les Amis du Vin ;
- Les Centaures (amateurs d'art contemporain) ;
- Rayonnement de l'Opéra de Paris ;
- Stade Français ;
- Tennis Club de Paris ;
- Racing Club de France ;
- etc.

5

Le Réseau pour les cadres dirigeants

Incontournable Réseau

Les cadres dirigeants en transition de carrière ont entre 75 % à 95 % de chances de trouver leur nouveau poste grâce au *Networking*. Hélas, ils ont aussi la fâcheuse tendance à mal utiliser ce vecteur privilégié. En effet, s'ils possèdent presque toujours un réseau professionnel significatif, ils risquent de le « griller » en l'activant maladroitement, trop vite ou, plus rarement, de le congeler en ne le sollicitant pas.

Il faut le souligner : la méthode du Réseau est aussi efficace pour les dirigeants que pour les autres catégories de cadres. Trop souvent les *top managers* croient savoir comment faire et ne prennent pas le temps d'apprendre les règles et la technique du Réseautage efficace. Plus exactement, certains dirigeants se méprennent en considérant que le Réseau s'arrête aux personnes qu'ils connaissent et qui les connaissent alors qu'en se limitant à cette définition restrictive du *Networking*, ils partent sur la route incertaine de la recherche de l'emploi avec un réservoir au quart plein…

D'abord se reconstruire

L'erreur la plus commune commise par le cadre dirigeant en recherche d'emploi consiste à se précipiter sur les chasseurs de têtes de son carnet d'adresses et sur son réseau proche. Il n'a pas conscience que la réflexion doit précéder l'action. Effectivement, s'il n'est pas clair dans sa tête et rumine encore son échec, sa déception ou sa colère, il se dirige en effet vers une impasse. S'il n'a pas entamé ou terminé cette phase de deuil indispensable pour se projeter de façon positive dans une nouvelle aventure professionnelle, il va se faire rejeter par le Réseau sans comprendre ce qui lui arrive. Il risque de solliciter des alliés importants pour sa recherche et, sans s'en rendre compte, les éloigner de lui en leur communiquant son aigreur ou son mal être.

La priorité pour un dirigeant qui rencontre un accident de carrière, consiste d'abord à se reconstruire. C'est-à-dire de prendre le temps nécessaire pour digérer son licenciement et les conséquences morales qui en découlent. Ce qui peut être perçu comme une perte de temps pour un responsable d'entreprise hyperactif, représente en fait une étape psychologique indispensable à une activation efficace et réussie. Ce n'est qu'une fois en harmonie avec lui-même et ayant clarifié ses objectifs, que le dirigeant pourra mettre sa recherche d'emploi en route et, en priorité, activer le Réseau.

Dans la peau du dirigeant

Le dirigeant – homme ou femme – qui se trouve dans la nécessité de se repositionner est tout autant désorienté qu'un autre chercheur d'emploi. Jusque-là, sa progression s'est généralement effectuée sans incident majeur et, s'il a changé de société, c'est parce qu'on est venu le chercher ou qu'il en a décidé ainsi. Soudainement, et pour la première fois de sa vie, il est contraint d'apprendre un métier qu'il ne maîtrise pas, celui de chercheur d'emploi. De surcroît, il doit à la fois s'investir dans cette nouvelle activité, et parallèlement, gérer son image auprès de ses pairs et au sein de son milieu social. Et, pour corser le tout, il n'a plus d'assistante pour lui tenir son secrétariat et pallier ses incompétences dans la gestion de l'intendance. Sans parler de son ex-voiture de fonction, de ses ex-notes de frais et de ses ex-stock-options envolés avec son ex-job !

Pour peu que le cadre dirigeant ait un ego raisonnablement surdimensionné, il aura beaucoup de mal à accepter cette situation. Du jour au lendemain, il constate qu'il n'est plus rien, qu'il ne détient plus aucun pouvoir et que son entreprise dont il constituait – croyait-il – une pièce maîtresse, continue son parcours sans lui en se dépêchant de l'oublier. Le réveil est d'autant plus douloureux qu'il doit maintenant affronter le regard de son conjoint, de ses enfants, de ses parents, frères et sœurs, amis, anciens collègues et concurrents. De quoi stresser et ne pas dormir pendant plusieurs nuits ! Attention, dans cette phase, à ne pas se tromper de combat : l'ex-responsable d'entreprise peut en effet être tenté d'apporter son aide et ses conseils à des amis ou des start-up. Céder à ce type de sollicitations est certes flatteur pour l'ego et rassurant pour la personne, mais la plupart du temps, cela constitue une perte de temps stérile et consommatrice de temps dans la difficile course au prochain poste. La règle est simple et claire : la priorité doit être donnée à ce qui est prioritaire : trouver le bon job.

Un peu d'humilité

Pour un dirigeant, une transition professionnelle représente une opportunité pour rencontrer beaucoup de managers, afin de recueillir un maximum d'informations susceptibles de le mettre sur la piste d'un bon job. Le Réseau est, à ce titre, un outil indispensable à la réussite de son repositionnement. Or, l'éducation et l'expérience de management des dirigeants les conduisent souvent à adopter des comportements de solitaire et des attitudes de méfiance. Avec quelquefois, une pointe d'arrogance héritée d'une culture élitiste pas forcément bien digérée. Une telle posture risque d'être un lourd handicap dans la nécessaire activation de Réseau. Aussi, pour beaucoup, c'est le moment de s'interroger sur leur façon d'être et de communiquer, sur l'impression qu'ils produisent et les moyens d'optimiser leur impact positif.

Le dirigeant qui fait preuve d'un minimum d'humilité et de simplicité dans ses contacts Réseau en période de transition de carrière, a plus de chances de trouver rapidement la solution qu'il cherche. Il ne s'agit surtout pas de devenir obséquieux ou de se positionner en inférieur de ses interlocuteurs, il est seulement question de trouver la bonne posture. Je me souviens ainsi d'un ex-directeur général qui m'avait été envoyé par le Réseau et qui en une heure d'entretien n'avait parlé que de lui, de ses multiples compétences non reconnues et de ses échecs récents aussi inattendus qu'injustes. Cela faisait plus de deux ans qu'il était en recherche d'emploi…

Activer son réseau pour atteindre le Réseau

Le dirigeant sèchement remercié peut estimer que sa notoriété et sa réputation lui assurent un reclassement programmé à court terme et que tous ses « amis » chasseurs de têtes et autres pairs en poste vont unir leurs forces dans ce but. Malheureusement, la réalité est différente. L'ex-directeur général ou président qui attend que son réseau se mobilise pour lui trouver un nouveau job risque de connaître une grave déconvenue. Il mesure rapidement combien le monde des affaires est lui aussi entré dans l'ère du zapping et de la démémorisation accélérée. Le dirigeant qui attend que le Réseau vienne à lui, prend le risque d'attendre longtemps et de perdre graduellement son attractivité et son employabilité.

Une fois prêt, le responsable d'entreprise en transition de carrière doit prendre son destin en main et activer son réseau de façon systématique et professionnelle. S'il convient de ne pas se précipiter au risque de griller des connecteurs importants, il faut cependant ne pas trop tarder à se mettre en action pour rester à l'affût de toute opportunité sur le marché. Le Réseautage a l'immense avantage d'assurer une visibilité positive auprès de ses pairs, de collecter de l'information et de détecter des pistes de jobs. Dans cette démarche, l'amateurisme n'a pas cours, il convient de déterminer une stratégie de *Networking* autour d'un objectif de repositionnement, de cibles identifiées, d'une communication bien rodée et d'un calendrier adapté.

Activer le Réseau

L'action sur son propre réseau direct ne génère pas obligatoirement le poste recherché. Le dirigeant a beau avoir un cercle de relations professionnelles plus ou moins étendu, il est capital qu'il comprenne que ses contacts représentent des tremplins pour accéder à d'autres décideurs et pas une fin en soi. C'est une autre erreur fort répandue chez lui de limiter la vision du *Networking* à son cercle de relations. En se méprenant de la sorte, il se coupe d'une grande partie du potentiel du Réseau.

Pour réussir, il faut activer le Réseau en profondeur et ne pas se limiter au premier cercle. En d'autres termes, il faut rencontrer les deuxième, troisième, voire quatrième, cercles ; c'est-à-dire rencontrer des inconnus pour se faire connaître et reconnaître d'un maximum de décideurs et de connecteurs. Lorsque j'explique cela à un dirigeant en recherche d'emploi, il me répond quelquefois qu'il risque de faire rapidement le tour des personnes importantes à rencontrer ; l'expérience démontre que cette vision restrictive de l'étendue du Réseau est une fausse impression.

Activer les réseaux

Le dirigeant fait souvent partie de réseaux existants et il doit se servir de ceux-ci comme des vecteurs complémentaires d'activation de sa recherche d'un poste. Il peut ainsi renouer des liens avec, par exemple :

- les anciens camarades de son école (via l'Association existante) ;
- les anciens « conseils » : avocats, banquiers, conseils en stratégie, conseils en fusions-acquisitions, conseils en communication ;
- les anciens collègues de ses précédentes sociétés ;
- les membres des différents clubs professionnels auxquels il appartient et cotise ;
- les amis de son club sportif ;
- les membres de son association professionnelle ;
- etc.

Pourquoi ne pas se tourner également vers le monde politique ? Le dirigeant en poste est souvent en relation avec le monde politique et il peut, le cas échéant, créer des emplois dans une circonscription et aider ainsi l'action d'un élu local.

Une fois en transition de carrière, un dirigeant a tout intérêt à se rappeler au bon souvenir des élus de la République. Ces derniers ne lui donneront certes pas le poste de ses rêves mais constituent de bons connecteurs et de vigilants veilleurs d'opportunités.

6

Réseauter pour les plus de 50 ans

Le Réseau sinon rien

À plus de cinquante ans, avouons-le franchement, c'est plus que jamais *Networking or Not Working*. Bien sûr il y a toujours quelques contre-exemples de cadres supérieurs et dirigeants seniors qui trouvent un nouveau job par petite annonce ou cabinet de recrutement. Mais ces quelques arbres ne doivent pas cacher la forêt de tous ceux qui se heurtent au mur de l'âge. Pour ces derniers, le Réseau est la solution la plus sûre et la plus efficace. Encore faut-il en connaître les règles et les meilleures pratiques expliquées en détail dans cet ouvrage.

À cinquante ans, tout est possible. À plus de 55 ans, c'est plus dur mais la réussite est au bout du Réseau. À plus de 60 ans, rien n'est perdu. Hubert, 60 ans, est l'exemple type d'un rebond réussi grâce au Réseau. Ancien directeur marketing, il se lance à 50 ans dans l'aventure de la reprise d'entreprise mais doit jeter l'éponge huit ans plus tard. C'est grâce au Réseau qu'il décroche, après deux années de recherche active, un poste de directeur d'une maison de retraite. Bien sûr, il a connu des hauts et des bas, de sévères baisses de moral mais il a su s'accrocher, et aujourd'hui, il a commencé une nouvelle carrière qui le passionne et dans laquelle il projette de progresser rapidement.

La bonne posture

En tant que quinqua, c'est votre attitude et votre énergie qui vont déterminer votre succès en matière de recherche d'emploi via le Réseau. Il existe des salariés qui sont laminés dès quarante ans et des quinquas qui dégagent une force et un élan remarquables. Le Réseautage constitue une formidable opportunité de ne plus subir l'insupportable dictature du curriculum vitae. Les interlocuteurs Réseau que vous rencontrerez ne verront que vous. Ils vous écouteront et vous percevront tel que vous êtes et non pas au travers du prisme réducteur et déformant d'un CV.

Prendre conscience de ses atouts est le premier pas vers la reconquête d'un job, lorsqu'on a passé la barre fatidique des cinquante ans. Le préjugé relatif à l'âge existe et il est d'autant plus dangereux qu'il est inscrit dans votre cerveau. Votre premier combat consiste à le déloger de votre esprit en vous réappropriant vos différents atouts de cadre supérieur ou de dirigeant expérimenté. Vous avez d'abord une lisibilité professionnelle que beaucoup d'autres aimeraient avoir. Votre expérience est gage de sécurité et de confiance. Vous avez aussi une disponibilité, voire une mobilité, que les quadras, encore chargés de famille, n'ont pas. Votre propension à la fidélité est *a priori* plus importante car vous ne chercherez sans doute pas à changer d'emploi tous les deux ou trois ans en succombant aux propositions alléchantes de la concurrence.

Donner envie

Une bonne façon de lutter contre les préjugés liés à l'âge, consiste à donner envie de travailler avec vous. Votre maturité doit rayonner. Pour cela, il est important que vous conserviez une bonne hygiène de vie. N'hésitez pas à mettre en cause certaines mauvaises habitudes comme l'alcool, le tabac, l'absence de sport. Je connais quelques quinquas qui montent cinq étages à pied sans être essoufflés, alors que beaucoup de leurs jeunes collègues attendent systématiquement l'ascenseur pour éviter tout effort physique.

L'envie de travailler avec vous est aussi générée par la façon dont vous allez aborder vos rendez-vous Réseau. Si vous êtes amer, aigri, négatif et agressif, vous ne susciterez aucune envie de vous faire rebondir ou de travailler avec vous. En revanche, si votre discours est positif, argumenté et résolument tourné vers l'avenir, vous balayerez les *a priori* et convaincrez vos interlocuteurs. Votre pire ennemi, c'est vous. Si vous considérez que vous êtes trop vieux et que le marché ne veut plus de vous, vous transmettrez sans vous en rendre compte ce message aux personnes qui prendront le temps de vous recevoir. C'est donc votre mental qui fera la différence. D'où l'importance de partir en recherche avec un état d'esprit de gagnant et surtout de le garder tout au long du périple.

Le bon message

Pour réussir dans votre nouvelle quête d'activité, il convient d'être particulièrement attentif aux messages que vous faites passer. Je ne vous conseille pas de parler de votre âge en entretien Réseau. Votre date de naissance ne constitue pas une information clé à faire passer. Rappelez-vous que votre interlocuteur ne va retenir que deux ou trois points essentiels sur vous à l'issue du rendez-vous qu'il vous accorde. S'il retient votre âge, vous avez tout faux. Il doit se souvenir de vos compétences, de votre objectif et de l'énergie positive que vous dégagez.

Si vous vous retrouvez devant quelqu'un de nettement plus jeune que vous, positionnez-vous non pas comme un « ancien » mais comme un profil différent et potentiellement complémentaire. Soyez clair sur ce que vous pouvez apporter et n'entrez en aucune manière en compétition avec lui. En fonction de votre personnalité, vous pouvez plus ou moins bien vivre une telle rencontre. Si vous n'êtes pas à votre aise, essayez de cantonner vos entretiens Réseau à des personnes avec lesquelles la différence d'âge n'est pas trop grande.

Y croire encore et encore

Le chemin vers le nouvel emploi est une course d'obstacles. Dans votre activation du Réseau, vous allez rencontrer des déceptions et des déconvenues. Vous allez croiser le chemin de cet être particulier qui rôde dans le monde des affaires et que l'on appelle le « toxique ». Ce dernier se caractérise par le fait qu'il vous accueille en entretien Réseau pour mieux vous démolir le moral. Ses expressions favorites sont : « à votre âge, vous ne trouverez jamais... », « Je ne voudrais pas vous décourager mais... », « Moi si j'avais votre âge... ». Le toxique s'assimile à la goutte d'encre qui tombe dans le verre d'eau claire que constitue votre activation Réseau jusque-là réussie. Tout à coup le verre devient bleu. Cet individu malfaisant malmène votre moral et instille le doute dans votre esprit. Pour éviter d'être pollué par ce type d'individu, il faut rapidement le détecter et le tenir à distance.

Il y aura des moments de découragement et des instants d'excitation. Le Réseau doit vous aider à éviter l'isolement, à rester dans l'action et dans l'environnement professionnel. Là encore, rejoignez des groupes de chercheurs d'emploi, des associations, ou des structures qui vous aident à piloter votre campagne de recherche et qui vous permettent de rencontrer des personnes positives et solidaires.

Conseils pour démarrer et pour la suite

Lorsque vous êtes prêt, bien dans votre tête, maître de vos atouts professionnels, je vous recommande de commencer votre activation du Réseau en rencontrant cinq candidats seniors qui ont retrouvé un job grâce au *Networking*. Rencontrez-les, notez leurs conseils, imprégnez-vous de leur succès. Ils vous montrent le chemin de la réussite, à vous de le suivre. Un de ces contacts peut vous proposer de devenir votre mentor dans votre travail de recherche d'un job. Si cela vous convient, acceptez avec enthousiasme.

Par la suite, je vous recommande de rencontrer des jeunes retraités, dans la mesure où ceux-ci viennent de quitter le monde du travail et sont à même de vous donner des tuyaux et des conseils, sans risque de concurrence. Vous pouvez aussi identifier de futurs retraités et solliciter leurs conseils, avant qu'ils ne quittent leur dernier poste. Cela peut être l'occasion de prendre le job qu'ils libèrent. Méfiez-vous cependant de certaines personnes à la lisière de la retraite qui pourraient projeter sur vous leur anxiété par rapport à cette échéance pas toujours bien vécue.

Les anciens conseils – consultants, avocats, commissaires aux comptes, etc. – devraient vous recevoir facilement. Pensez bien aussi à activer vos ex-clients et fournisseurs.

7

Le Réseau pour un premier job

Créer la différence

600 000 étudiants débarquent sur le marché de l'emploi tous les ans et la majorité d'entre eux se précipite sur les moyens classiques de recherche d'emploi : petites annonces, job boards, campus, candidatures spontanées, etc. Ils n'utilisent pas le *Networking* car, soit ils ne connaissent pas cette technique, soit ils considèrent qu'ils ne possèdent pas de réseau ou que leurs connexions ne sont pas branchées sur les entreprises qu'ils visent. En agissant ainsi, ils réduisent d'emblée l'efficacité de leur recherche d'emploi. En effet, contrairement aux idées reçues, le Réseau ne se limite pas aux personnes que l'on connaît et que l'on pense pouvoir solliciter ! La démarche *Networking* est beaucoup plus ambitieuse puisqu'elle consiste à se créer un réseau en fonction d'un objectif déterminé.

Lorsque l'on sait que, pour un jeune diplômé, la durée moyenne pour trouver un emploi se situe entre 2 et 12 mois, il est regrettable de constater la faible notoriété de l'approche Réseau chez les jeunes chercheurs d'emploi. Les chiffres disponibles auprès des associations d'anciens élèves montrent que le Réseau relationnel représente environ 20 % des emplois trouvés par les jeunes diplômés. Ce score pourrait être nettement supérieur si l'on enseignait aux étudiants de dernière année l'art de la recherche d'un job via le Réseautage.

Le Réseau, cela marche aussi pour les jeunes diplômés ! Ce n'est pas réservé aux cadres dirigeants blanchis sous le harnais. En permettant de prendre l'itinéraire « bis » quand l'autoroute de la première embauche est encombrée, le *Networking* constitue désormais un « incontournable » de la recherche d'un premier job. Il consiste à adopter une posture proactive et de ne pas être seulement en réaction face au marché apparent de l'emploi (petites annonces, sites, etc.).

Des fondamentaux intangibles

Cependant, vous ne réussirez votre activation Réseau pour décrocher un premier job que si vous savez quel emploi et quelles cibles vous visez. Si vous voulez être chef de publicité en agence, il est nécessaire de savoir dans quelle société de communication vous aimeriez travailler. Listez vos cibles prioritaires car ce sont elles que vous allez approcher. Renseignez-les, soyez informé sur leur actualité parce qu'il n'y a rien de pire que de recevoir quelqu'un qui ne connaît rien d'une entreprise dans laquelle il passe un entretien Réseau. Travaillez aussi sur votre communication pour qu'elle soit simple, claire et directe. Si votre discours est hésitant, maladroit ou balbutiant, vous n'encouragerez pas votre interlocuteur à vous aider. Soyez enthousiaste et déterminé, cela ajoutera à votre crédibilité.

Une fois ces conseils bien intégrés, dites-vous que vous pouvez rencontrer tous les professionnels que vous avez ciblés. Si la porte de l'entreprise se ferme, passez par la fenêtre, si cette dernière se ferme à son tour, glissez-vous par le soupirail ! Ne restez pas englué dans votre réseau de premier cercle et passez au vrai Réseau : toutes ces personnes que vous ne connaissez pas encore et qui sont placées sur le chemin de votre premier job ! Pour les atteindre, n'oubliez pas d'utiliser l'arme absolue :

la recommandation. C'est elle, et elle seule, qui vous ouvrira toutes les portes, même les mieux cadenassées. Ensuite, à vous de vous lancer dans la pratique de l'appel téléphonique (précédé ou non d'un mail) et surtout de l'entretien Réseau. Cette rencontre avec des personnes peu connues et inconnues est capitale dans votre démarche. Il est clair que le Réseautage n'est pas une chose facile à intégrer et à démarrer. Comment en effet imaginer que l'on va être bien reçu par cet inconnu que l'on va voir dans son bureau et peut-être déranger ? Seule l'expérience peut vous rassurer sur ce point. Si vous appliquez bien la méthode recommandée, vous verrez, cela fonctionne !

Où réseauter ?

Aller rencontrer des professionnels sur leur lieu de travail constitue le cœur de votre activation Réseau pour décrocher votre premier emploi. Cela dit, ce n'est pas une raison pour négliger les occasions de réseauter offertes par l'extérieur. Les forums étudiants représentent des événements où il faut être présent. Mais encore faut-il adopter la bonne posture. Vous pouvez vous y rendre en touriste et vous contenter de picorer de l'information et de discuter avec vos meilleurs amis présents sur place… Vous pouvez aussi y aller en suivant une démarche professionnelle qui consiste non seulement à optimiser votre présence sur les lieux du forum, à récolter un maximum d'informations pertinentes liées à votre projet, mais aussi et surtout, à établir des premiers contacts professionnels que vous exploiterez dans les jours qui suivent.

Dans le même ordre d'idées, les salons ne sont pas seulement réservés aux professionnels expérimentés qui se retrouvent dans ces grandes manifestations. Le jeune diplômé peut y trouver beaucoup d'informations et de contacts.

Les conférences doivent aussi faire partie de votre veille prioritaire dans la mesure où elles permettent de conjuguer ces deux mamelles du Réseau que sont l'information et les contacts. De même, il est essentiel de profiter intelligemment de votre Association d'anciens élèves si vous sortez d'une école qui en possède une. Ne vous contentez pas de consulter les offres d'emploi collectées par le service « Orientation Carrières » mais utilisez tous les services mis à votre disposition (ateliers, conférences, parrainage, etc.).

Quelques bons connecteurs

Les spécialistes du recrutement sont des bons connecteurs et surtout de bons conseillers au démarrage de votre recherche d'emploi. Mais ne misez pas trop sur ces professionnels de la détection de cadres expérimentés qui ont peu de temps à vous accorder.

Les professeurs constituent aussi d'excellents connecteurs. Les enseignants vacataires travaillent en entreprise et entretiennent un réseau actif ; les professeurs permanents ont aussi leurs connexions et peuvent jouer un rôle clé dans votre approche des cibles que vous avez identifiées.

Vos camarades de promotion constituent une ressource évidente. Ils peuvent vous donner facilement le nom d'un parent ou d'une de leurs relations qui travaillent dans une société qui vous intéresse.

Il convient par ailleurs de ne pas oublier les maîtres de stage. Ces derniers ont appris à vous connaître lors de votre stage dans leur entreprise et, s'ils ont apprécié votre personnalité et votre travail, ils peuvent vous connecter à des collègues en interne ou en externe, à des sociétés partenaires ou concurrentes avec lesquelles ils entretiennent des bons rapports.

Les professionnels des RH en entreprise ou en cabinet RH peuvent aussi constituer de bons conseils et de bons connecteurs. Attention cependant à ne pas les cantonner à un rôle de « correcteurs de CV » !

Les élèves des promotions précédentes, enfin, sont à choyer tout particulièrement car ils sont maintenant en poste et encore proches de vous et de vos préoccupations.

Réseauter pour la vie

Le *Networking* est un outil indispensable à connaître et à pratiquer dès la sortie de l'école non seulement pour trouver le « bon job » mais aussi pour faciliter les transitions et autres évolutions de carrière qui suivront obligatoirement ! Les écoles et les universités qui commencent à mettre en place des formations au Réseautage en fin de cursus rendent un service inestimable à leurs élèves. Celles qui ne l'ont pas encore fait sont condamnées à rattraper le retard pris sous peine d'apparaître comme ringardes et dépassées.

Une fois en poste, le jeune diplômé à tout intérêt à poursuivre son action de Réseautage de façon professionnelle. Pour lui, le Réseau ne fait que commencer. Ce n'est pas parce qu'il est passé de l'autre côté de la barrière qu'il faut tout arrêter. Il doit continuer son *Networking* pour rester connecté à ses pairs et au marché. Il doit aussi apprendre à réseauter intelligemment en interne pour mieux s'intégrer et progresser dans l'entreprise qui l'a embauché.

Pour peu qu'il ait bien observé la carrière de ses parents, il sait qu'il ne doit laisser à personne le soin de gérer sa carrière et son image, et que le Réseautage est un excellent moyen de contrôler les deux. Le Réseau doit agir pour lui comme un facilitateur de carrière à l'interne, et comme un veilleur d'opportunités à l'externe.

Comment débuter ?

Une fois que votre projet professionnel est clair, vos cibles identifiées, votre communication verrouillée et les dix facteurs clés de succès expliqués dans cet ouvrage bien assimilés, commencez par lister toutes les personnes que vous connaissez et qui vous connaissent. Dans cette liste initiale, sélectionnez les personnes qui sont – ou pourraient être – connectées d'une manière ou d'une autre à l'une de vos cibles. Elles constituent votre réseau de premier cercle à activer en priorité.

Avant de vous lancer, je vous recommande d'aller rencontrer quelques jeunes professionnels qui travaillent depuis un ou deux ans en entreprise. Prenez rendez-vous avec eux pour bénéficier de leurs conseils et profitez de ces rencontres pour glaner des noms de contacts correspondant à vos cibles prioritaires. Cela peut être des jeunes « anciens » de votre école, des amis d'amis, ou des enfants de relations de vos parents. Peu importe d'où ils viennent, l'essentiel est de les identifier et de les rencontrer en face-à-face. Ces personnes sont généralement ravies de vous donner des informations et des conseils car, il y a encore quelques mois, elles étaient dans la même situation que vous. Au minimum, cela crée une solidarité.

8

Réseauter sur internet

La révolution internet est en marche

LinkedIn, Viadeo (ex-Viaduc) et Xing (ex-Open BC) sont les sites de mise en relation professionnelle les plus connus. Ils vous permettent de retrouver d'anciennes relations et de renouer avec elles. Ils vous aident aussi à entrer en contact avec des inconnus repérés en fonction de critères clés, en vous faisant recommander par les personnes que vous avez invitées à s'inscrire sur le site ou que vous y avez retrouvées.

LinkedIn, le premier site de Réseautage professionnel est né en Californie en mai 2003. L'idée de ses créateurs était simple : permettre aux professionnels de se repérer entre eux pour réseauter plus rapidement et plus facilement. LinkedIn a dépassé, fin 2006, les sept millions d'inscrits dans le monde.

Viadeo a vu le jour en France en juin 2004 quand les responsables d'Agrégator, un incubateur d'entreprises, ont décidé de s'inspirer de LinkedIn pour lancer un site francophone de mise en relation professionnelle. Viadeo est aujourd'hui considéré comme le site de référence en France avec plus d'un million d'inscrits début 2007.

Xing (ex-openBC), quant à lui, est né en Allemagne en novembre 2003 et annonce plus de deux millions de membres.

Citons enfin 6nergies, le petit dernier, qui fonctionne depuis début 2005 sur un mode plus « boy-scout » et a du mal à s'imposer face aux trois acteurs installés avant lui.

Rien ne remplace le contact visuel

Il est essentiel d'insister sur le fait que le Réseautage sur Internet n'est qu'un moyen d'accélérer et de faciliter l'activation d'un Réseau. En aucun cas, une poignée de clics ne remplace une poignée de main. En d'autres termes, pouvoir rencontrer son interlocuteur en face-à-face est non seulement essentiel mais irremplaçable. Vous n'obtiendrez rien si vous évitez le « contact physique ». Le Réseau ne fonctionne que si une relation de confiance existe ou s'instaure peu à peu, à la suite d'une rencontre, entre deux interlocuteurs.

Cela ne sert à rien d'augmenter, sans aucun discernement, le nombre de vos contacts sur les sites de mise en relation. Vous entrerez peut-être dans le livre des records mais pas dans le panthéon des bons réseauteurs. Pour bien utiliser les Viadeo et autres LinkedIn, je vous recommande de :

- ne pas faire la « course aux contacts » ;
- limiter vos connexions aux personnes que vous connaissez ou que vous allez rencontrer.

En procédant de la sorte, vous aurez autour de vous un réseau beaucoup plus sûr et réactif. Vous pourrez émettre et transférer des demandes de mise en relation avec l'assurance qu'elles aboutissent. Vous agirez en professionnel averti et responsable. Je vous conseille aussi, tous les six mois, de nettoyer votre liste de contacts directs de toutes les personnes non rencontrées qui s'y seraient glissées par inadvertance ou de celles qui n'auraient pas respecté la « netiquette », c'est-à-dire les règles de savoir-vivre du Réseau sur internet.

L'intérêt de ces sites

Accroître votre visibilité et votre lisibilité

La grande majorité des chargés de recherche des cabinets de chasseurs de têtes ou de recrutement a maintenant pris l'habitude de compléter sa recherche de candidats en utilisant ces sites de plus en plus fournis.

Viadeo et les autres sites permettent donc de maximiser votre capacité d'être détecté par les personnes (chasseurs ou recruteurs en entreprise) en quête du meilleur candidat. Cela ne remplace pas les démarches classiques de recherche d'emploi, cela les complète.

Renouer des liens anciens

Ces sites vous aident à vous connecter ou reconnecter avec les personnes que vous avez croisées dans votre vie personnelle, étudiante ou professionnelle. Il suffit pour cela d'effectuer une recherche par nom de famille ou par nom d'école, d'université, de métier ou d'entreprise. Une fois la personne repérée, il suffit de lui proposer d'entrer en contact avec vous et la voilà désormais intégrée à votre carnet de contacts Réseau, tout comme vous faites maintenant partie du sien.

Créer de nouveaux liens

Ces outils vous permettent de détecter des personnes intéressantes à contacter et à rencontrer dans une démarche de Réseau. Ils accélèrent et facilitent ainsi votre action de *Networking* dans le cadre de votre recherche d'emploi. Il vous suffit de faire une recherche par mots clés. Une sélection de personnes est ainsi réalisée et vous permet de choisir le profil le plus susceptible de fournir l'information que vous cherchez.

Rejoindre des communautés professionnelles d'appartenance ou d'intérêt (Viadeo, 6nergies)

Il s'agit de s'inscrire à différents clubs (appelés hubs chez Viadeo) en fonction de votre école d'origine, de votre métier, de votre expertise ou de vos centres d'intérêt. Ainsi vous pouvez rejoindre aussi bien le hub des anciens élèves de l'Edhec, celui des RH, celui du karting, etc.

Sur Viadeo, vous pouvez même créer votre propre hub privé, invisible pour le tout-venant, sur lequel vous invitez les membres que vous choisissez.

Une activité chronophage

Bien utiliser ces sites réclame du temps. D'abord le temps de construire son réseau sur internet (remplir le formulaire, se connecter à ses connaissances, rechercher de nouveaux contacts professionnels, etc.) ; ensuite le temps nécessaire pour exploiter l'outil et bénéficier de son impact. Vous pouvez choisir de rester un utilisateur dormant en vous contentant de mettre votre profil sur un site ; ou alors devenir un membre actif qui gère et développe son réseau sur un ou plusieurs sites. Attention à ne pas devenir « accro » de Viadeo ou de LinkedIn et de considérer ces outils de Réseautage comme une sorte de jeu.

C'est au moment de l'inscription sur ces sites qu'il est nécessaire d'y consacrer un minimum de temps. Par la suite, il suffit d'être disponible pour répondre aux sollicitations et de bien comprendre qu'il est toujours possible de refuser une demande si on prend le soin d'expliquer pourquoi.

Première étape : choisissez vos sites

Viadeo est le site incontournable sur la France. Si vous cherchez un job dans l'Hexagone, vous avez intérêt à figurer dessus.

Dans le cas où vous avez un profil international et où votre objectif est d'intégrer un groupe international, LinkedIn s'impose dans votre sélection.

Si votre profil est plus européen et que votre recherche cible l'Europe (et surtout l'Allemagne), mettez votre profil sur Xing.

Enfin, si vous voulez être sur tous les sites pour maximiser et contrôler votre visibilité, vous pouvez ajouter 6nergies, Copainsdavant, Trombi.com, etc.

Deuxième étape : inscrivez-vous et rédigez votre profil

L'inscription sur tous ces sites de mise en relation professionnelle est gratuite.

À vous de rédiger votre profil en suivant le guide proposé par chaque opérateur. Commencez par une version courte et simple que vous allez améliorer au fil du temps. Allez regarder d'autres profils et inspirez-vous de ceux qui vous paraissent pertinents.

Quelques conseils :

- ne faites pas un « copié collé » de votre CV, soyez plus concis ;
- pas de littérature, utilisez des tirets ;
- ne parlez pas de vous en parlant à la troisième personne du singulier ;
- choisissez avec soin les mots clés de votre texte car c'est grâce à eux que les chargés de recherche vont vous trouver ; par exemple : international, luxe, direction générale, restructuration, etc.
- mettez une photo (Viadeo, openBC) en la choisissant soigneusement (sourire, dynamisme, etc.). N'hésitez pas à faire appel à un professionnel, ce sera un investissement que vous ne regretterez pas.

Troisième étape : payez ou ne payez pas l'abonnement

Les principaux sites vous proposent de payer un abonnement pour avoir accès à la totalité de leurs services. Prenez le temps de vous familiariser avec ces outils avant de prendre votre décision. Nous vous recommandons de ne payer l'abonnement que si vous entendez utiliser un ou plusieurs de ces sites comme un vecteur de Réseautage actif.

Par exemple, sur Viadeo, le fait d'être abonné vous permet de faciliter vos recherches et surtout d'apparaître dans les premiers profils présentés si un recruteur tape l'un des mots clés figurant dans votre profil. L'abonnement annuel sur Viadeo et openBC est encore raisonnable. C'est beaucoup plus cher sur LinkedIn !

Quatrième étape : constituez votre carnet d'adresses sur chaque site

Si vous désirez optimiser votre visibilité sur les sites concernés, il vous faut augmenter le nombre de vos liens directs sur chacun d'entre eux. Vous pouvez le faire de trois façons :

La première, et la plus simple, consiste à contacter toutes les personnes que vous connaissez et que vous retrouvez sur chacun des sites. Proposez-leur d'entrer en lien direct avec vous et de faire ainsi partie de votre réseau.

Inviter des relations qui ne sont pas encore sur tel ou tel site constitue la deuxième manière d'augmenter votre carnet d'adresses en ligne.

La troisième façon d'opérer consiste à rechercher sur ces sites de nouvelles personnes intéressantes dans le cadre de votre recherche d'emploi et de leur proposer de les rencontrer et de vous mettre en lien direct avec eux. Profitez aussi de toutes vos nouvelles rencontres pour vous mettre en contact direct avec les personnes avec lesquelles vous voulez rester connecté.

Cinquième étape : respectez les règles du jeu

Pour faire fonctionner ces différents outils, il faut y consacrer un peu de temps. Et surtout, il faut connaître et respecter la « netiquette », c'est-à-dire les règles de savoir-vivre du réseau sur le Net. Il s'agit de principes simples comme : répondre aux demandes qui vous sont adressées (vous avez le droit de refuser mais la moindre des politesses est de répondre et d'expliquer, le cas échéant, le motif de votre refus). Sachez que ces différents sites font la police contre les abus de certains internautes. C'est dans leur intérêt car si leur réputation est mise en cause, cela signifie leur mort dans un court délai.

Bien utiliser Viadeo

Si vous voulez utiliser toutes les possibilités de Viadeo sans payer d'abonnement, il vous suffit d'inviter dix personnes qui acceptent de s'inscrire sur le site. Tous les dix invités ayant accepté, vous avez le droit à un mois d'abonnement gratuit. Cerise sur le gâteau, chaque fois qu'un de vos invités s'abonne, on vous offre un mois gratuit de plus !

Si vous voulez maximiser vos chances d'obtenir une réponse à une demande faite à un inconnu, n'utilisez pas le chemin direct mais passez par les maillons qui vous séparent de lui. Ce sont ces relais qui transmettent votre message initial. Sachez cependant que plus vous êtes éloigné de la personne ciblée, plus vos chances d'aboutir diminuent.

Si vous êtes abonné, vous pouvez savoir en temps réel qui consulte votre profil et vos liens. Lorsqu'un chargé de recherche d'un cabinet de chasse regarde votre profil, contactez-le.

Annotez les profils des individus avec lesquels vous entrez en contact. Cette fonction originale de Viadeo vous permet de prendre des notes personnelles sur les personnes figurant dans votre carnet d'adresses sur le site. Ce que vous écrivez n'est consultable que par vous-même et s'affiche automatiquement, quand vous décidez de faire apparaître la fiche de la personne concernée.

Vous pouvez demander à l'un de vos contacts d'écrire une recommandation vous concernant. Si le texte vous convient, il viendra s'afficher sur votre profil. N'abusez pas de cette dernière fonction car trop de recommandations ennuie rapidement le lecteur !

7

Chassez les chasseurs de têtes

Le fantasme de la chasse de têtes

Le cadre supérieur, ou dirigeant en transition de carrière, considère souvent, au début de sa recherche, qu'en dehors des chasseurs de têtes, il n'y a pas de salut. Même confronté à la réalité des chiffres, il pense toujours qu'il sera l'exception et qu'il lui faut absolument privilégier ce type d'action. Il est alors dans le domaine du fantasme car, en fonction de son profil, la chasse de têtes ne représente que de 0 à 15 % de ses chances de retrouver un emploi correspondant à ses compétences ; 15 % quand il allie un âge situé dans la tranche des 30-40 ans à un parcours parfaitement réussi dans des entreprises connues et réputées avec, à la clé, des réalisations de premier plan. En d'autres termes, quand c'est un « mouton à cinq pattes ».

Ce fantasme « chasseurs » du candidat en recherche d'emploi engendre une réelle frustration quand il ne reçoit pas une seule réponse à ses e-mails envoyés aux grands cabinets de la place. Le candidat doit y voir non pas une absence d'intérêt vis-à-vis de son profil, mais plutôt une inadéquation de sa candidature avec les missions en cours au sein du cabinet. En parodiant Woody Allen, on pourrait dire que la chasse de têtes est un monde de loups. C'est même pire qu'un monde de loups. C'est un monde où les loups ne vous rappellent pas au téléphone.

Pourquoi les chasseurs ne s'intéressent pas à vous

Quand vous interrogez un chasseur de têtes, il vous explique qu'il traite une trentaine de missions par an, c'est-à-dire qu'à un instant T il n'en gère que cinq ou six. Aussi, la possibilité qu'une candidature spontanée corresponde parfaitement à l'une de ses missions en cours est très faible pour ne pas dire inexistante ! Son métier, c'est la chasse, pas la réception de CV. De toute façon, si, au mieux, il jette un regard furtif sur les candidatures les plus pertinentes, il n'a pas le temps matériel d'y répondre.

Ce n'est pas facile pour un cadre qui s'est fait « chasser» pendant plusieurs années de ne plus pouvoir accéder aux chasseurs de têtes, une fois qu'il se trouve entre deux emplois et qu'il a besoin de ces derniers. C'est la douche froide. Il y a quelques années, il était sollicité, courtisé, encensé. Aujourd'hui, on ne le prend même pas au téléphone et il n'est pas question de le recevoir.

La raison est simple : le chasseur de têtes reçoit des honoraires – souvent élevés – d'un client qui désire rencontrer les meilleurs professionnels de la catégorie. Le cabinet a environ six semaines pour lui soumettre trois à cinq candidats de valeur. Sa prestation sera jugée sur les personnes présentées. Alors imaginez que le chasseur sélectionne en majorité des candidats « au chômage »... Aujourd'hui, il est admis qu'il puisse en présenter un sur cinq. C'est déjà un progrès, en comparaison du proche passé où c'était inimaginable. En d'autres termes, le fait même que vous ne soyez plus en poste vous pénalise automatiquement aux yeux d'un cabinet de chasse.

Une solution pour les rencontrer : le Réseau

Si le candidat en recherche d'emploi n'intéresse que peu les cabinets de chasse, comment peut-il faire pour attirer leur attention ?

Encore une fois, le Réseau peut apporter la solution. Vous avez repéré quelques chasseurs de têtes ciblés qui sont spécialisés sur votre secteur ? Vous voulez les rencontrer ? Utilisez alors le Réseau. Déterminez quels sont les connecteurs qui peuvent vous recommander auprès d'eux. L'un des patrons d'un grand cabinet parisien me confiait un jour qu'il recevait les amis des amis parce qu'il ne pouvait pas refuser. Il appelle cela les « entretiens de courtoisie ».

Cela dit, n'allez voir un chasseur *via* le Réseau que lorsque vous êtes bien prêt, que tous vos facteurs de réussite sont parfaitement maîtrisés ! Il vous recevra parce que vous lui êtes recommandé, autant lui laisser une bonne impression et lui faire apprécier le temps passé avec vous.

Mais n'attendez pas qu'il vous propose un emploi. N'oubliez pas qu'il ne traite qu'un nombre limité de missions. N'hésitez pas, à la fin de l'entretien, à lui rappeler votre excellente connaissance de tel secteur et à lui proposer de l'aider dans ses recherches, le cas échéant. En effet, le professionnel de la chasse de têtes se sert abondamment du Réseau ! Et surtout, ne systématisez pas cette approche car vous allez à la fois perdre votre temps et encombrer inutilement l'agenda des chasseurs !

Un bon contact professionnel

Une bonne façon d'entrer en relation avec les cabinets de chasse de têtes, sans déranger inutilement les chasseurs, consiste à prendre contact, *via* le Réseau, avec les chargés de recherche. Chevilles ouvrières des cabinets, ils sont spécialisés par secteur et ont l'oreille des consultants. Ils sont une source d'informations et de conseils précieux. Ne les oubliez pas. Si vous connaissez bien votre secteur, vous pourrez échanger une information fructueuse avec eux.

Les chasseurs de têtes et les chargés de recherche peuvent donner d'excellents conseils, dans la mesure où ils sont en prise directe avec le marché de l'emploi et de ses techniques les plus pointues. De plus, ils représentent des connecteurs potentiels précieux. Quelques-uns de nos candidats se sont vus ainsi proposer un poste à la suite d'un entretien Réseau avec un cabinet de chasse. Ils sont sortis avec une idée de piste qui s'est concrétisée par un job.

Le Réseau pour être en *short-list*

Autre utilisation possible du Réseau : se faire recommander auprès du chasseur sur un recrutement en cours et repéré par votre réseau. Cela ne marche pas à tous les coups. Mais le jeu en vaut la chandelle. Le premier maillon actionnable pour vous, c'est votre informateur. Il vous a donné le tuyau d'un recrutement en cours confié à un cabinet de chasse. Mais peut-il maintenant vous recommander auprès de la bonne personne ? Si vous n'êtes pas dans cette configuration, il faut chercher une personne qui soit connectée à ce chasseur. Dans votre réseau ou dans le Réseau. Et il ne faut pas traîner. Quand cela fonctionne, car ça marche, cela génère vingt fois plus d'impact qu'un courrier électronique de candidature. Il s'agit simplement de ne pas être le demandeur, mais plutôt de se faire recommander par une personne crédible auprès du chasseur. Votre position devient tout de suite plus confortable. C'est le chasseur qui vous appelle. Vous êtes revenu ainsi dans le schéma classique. À vous maintenant de jouer pour faire partie de la *short-list*.

8

Continuez le Réseau une fois en poste

Continuez de jouer le jeu

Ça y est ! Vous êtes en poste. Vous avez décroché le job qui vous correspond. Votre but est atteint. Cela n'a pas été facile, il a fallu mettre beaucoup d'énergie dans vos recherches et cela vous a pris plus de temps que vous le pensiez. Mais le Réseau a répondu présent et les doutes que vous pouviez avoir, au tout début, sur son efficacité se sont rapidement envolés. Une page se tourne. La recherche d'emploi est achevée, le nouveau travail vous appelle. Maintenant, il faut que la greffe prenne et que votre intégration soit couronnée de succès. C'est souvent à ce moment-là que les activateurs du Réseau se détournent de ce qui a été leur principal vecteur de réussite dans cette période de transition de carrière.

Vous avez trouvé votre nouveau poste, n'oubliez pas que maintenant vous êtes devenu membre à part entière du Réseau. Vous devez continuer de jouer le jeu : recevoir les personnes qu'on vous envoie, valider leur projet professionnel, les conseiller, les recadrer si nécessaire et leur donner les contacts pouvant les aider à rebondir. Dans votre nouveau job, vous avez certainement d'autres chats à fouetter, mais vous n'avez pas le choix. Sinon le Réseau s'en souviendra. Là encore, ne faites pas du réseau jetable. Gardez le contact avec les personnes que vous avez croisées tout au long de votre parcours. Donnez-leur de vos nouvelles au moins une fois par an, au moment des vœux, mais aussi en leur envoyant votre nouvelle carte de visite et en les invitant à déjeuner ou en prenant un petit-déjeuner avec eux.

Les bons et les mauvais

C'est justement à ce point de bascule que l'on peut reconnaître les vrais hommes et femmes de Réseau. Ce sont ceux qui ne délaissent pas soudainement les contacts qu'ils ont établis. Au contraire, ils font tout pour les renforcer et les nourrir. Ils ont simplement l'esprit Réseau. Il s'agit d'abord de rendre un peu de ce qu'on leur a donné, en étant disponible pour les personnes qui seront envoyées par d'anciennes ou de nouvelles relations. Les valeurs du *Networking* – solidarité, échange, confiance, honnêteté, engagement – s'expriment dans cette continuité d'action. Le Réseau vous a aidé, c'est à votre tour d'aider les autres. C'est la règle.

Vous avez investi du temps pour faire croître votre réseau, pourquoi tout perdre en coupant subitement les ponts ? L'emploi à vie n'existe plus depuis longtemps ; la meilleure façon de s'en garantir un aujourd'hui, c'est en développant et en gérant un réseau. Combien de temps allez-vous rester à votre nouveau poste ? Êtes-vous sûr de ne plus jamais être en transition de carrière ? Non. Alors continuez à jouer le jeu. N'oubliez pas que le Réseau constitue votre nouveau « parachute doré ». Malgré ces évidences, le nombre de candidats qui tournent la page du Réseau, une fois en poste, est élevé. C'est désolant, non pas pour le Réseau qui n'a rien gagné à s'encombrer de mauvais joueurs, mais pour le cadre concerné qui prouve en cela qu'il n'a rien retenu de cette expérience de recherche d'emploi.

Changement de posture

Si vous jouez le jeu, vous passez de l'autre côté du miroir. Vous êtes désormais celui que l'on appelle pour prendre rendez-vous et rencontrer. Des inconnus vous contactent. Ils ont une recommandation solide et vous allez les recevoir. Vous pouvez les aider à deux niveaux :

- en leur donnant l'information, les conseils et les validations et, bien sûr, les recommandations qu'ils attendent ;
- en les aidant à améliorer leur pratique du Réseau.

Ce second point est fondamental. Lorsqu'un candidat ne vous paraît pas au point sur son approche Réseau, il faut le lui dire. Pour ma part, je ne donne jamais de nom à quelqu'un qui ne me semble pas prêt. Je lui conseille de retravailler son projet ou sa présentation et de me rappeler quelques semaines plus tard. En effet, les bons utilisateurs du Réseau sont les meilleurs ambassadeurs de cette technique alors que les mauvais, les profiteurs, les amateurs nuisent au bon fonctionnement du système !

Soyez un bon connecteur

Pour être un bon connecteur, il faut respecter plusieurs principes :

- ne pas recevoir tout le monde, être sélectif ;
- respecter ses engagements ;
- recevoir vos interlocuteurs de façon professionnelle et bienveillante ;
- y prendre du plaisir ;
- être franc et direct ;
- être exigeant ;
- savoir demander des informations en échange ;
- s'efforcer de suivre les contacts donnés ;

- enseigner et respecter la politesse du Réseau ;
- recadrer les mauvais *networkers*, si nécessaire ;
- ne pas toujours solliciter les mêmes personnes ;
- ne pas donner trop de noms : un ou deux pas plus ;
- ne pas donner de nom à des personnes peu fiables.

Devenez un mentor à votre tour

Une fois en poste, maintenant que vous maîtrisez la théorie et la pratique du Réseau, prenez à votre tour un candidat sous votre aile pour le guider dans ses propres démarches. Vous aurez ainsi la possibilité de transmettre votre savoir et de faire jouer la solidarité dont vous avez bénéficié tout au long de vos démarches de chercheur d'emploi. Et puis c'est une façon de rester en contact avec la pratique quotidienne du Réseau en recherche d'emploi et d'en suivre les évolutions.

Lorsque vous passerez de l'autre côté de la barrière, remplissez votre rôle de mentor avec sérieux et application. Rendez-vous disponible au moins une fois par semaine. Soyez à l'écoute, mais ne tombez pas dans la complaisance. Jouer le rôle de guide consiste à aider le candidat à rester dans les rails et à garder le rythme. C'est une bonne façon de rendre ce que le Réseau vous a donné.

N'oubliez pas la leçon

Une fois en poste, les techniques que vous avez apprises et expérimentées continueront de vous aider. Car la réussite professionnelle dépend grandement de la capacité à entretenir et à développer des relations pour générer des alliances et des solidarités. Comme le souligne Michel Calef, consultant RH : *« Les cadres ont pris conscience que leur valeur ajoutée sur le marché du travail repose sur un triptyque : la compétence, les réseaux de relations internes et externes à l'entreprise et, enfin, la vision de leur propre développement. (...) Dans le monde actuel, trois types de personnes sont en danger : celles qui ont une faible technicité, celles qui n'ont pas de relations et celles qui n'ont pas réfléchi à la maîtrise de leur propre destin.* »

Un nouveau job ne veut pas dire un emploi pour la vie. En moyenne, au début du XXIe siècle, il est admis qu'un cadre changera d'employeur en moyenne tous les cinq ans, de façon volontaire ou subie. Raison de plus pour ne pas s'endormir sur ses lauriers et pour continuer à cultiver son réseau. N'oublions pas que depuis 15 ans en France, chaque année, environ 15 % des postes disparaissent et sont remplacés par 15 % de nouveaux emplois. Il faut donc être constamment prêt à changer. Willy Pasini, dans *Le courage de changer*, écrit : « *À l'intérieur d'un monde professionnel en constante mutation, où la précarité de l'emploi s'étend à la manière d'une tache d'huile, et où la retraite sera un mirage pour la plupart d'entre nous, l'essentiel est de ne pas avoir peur du changement. Il faut le voir comme une chance et non comme un risque.* » En ce sens, le Réseau est clairement un facilitateur et un dédramatiseur du changement.

Une nouvelle vision professionnelle

Pour le chercheur d'emploi, qui a découvert tout l'intérêt de l'activation Réseau, les mois passés en transition professionnelle ne sont pas perdus car il a compris certaines choses qui vont lui être fort utiles pour la suite de sa carrière et de sa vie. En effet, il a appris à :

- comprendre et respecter les valeurs fondamentales du Réseau ;
- se positionner sur un métier et un secteur précis et communiquer sur lui-même de façon claire, concise et mémorisable. C'est l'idée du « pitch » d'ascenseur. Cette présentation flash est à garder en mémoire et à savoir faire évoluer au fil de votre parcours car elle va encore beaucoup vous servir ;

- se fixer des objectifs et à déterminer des cibles en fonction de ces derniers ;
- utiliser la clé de toutes les portes : la recommandation. Celle-ci vous permet d'être écouté avec un minimum de bienveillance par de parfaits inconnus ;
- rebondir de contact en contact par rapport à l'objectif visé ;
- préparer en amont chaque prise de contact en faisant les recherches et la synthèse nécessaires ;
- réussir un appel téléphonique gagnant en le préparant et en le répétant minutieusement ;
- faire des demandes recevables, précises et concises ;
- mener des entretiens courts, intenses, efficaces et professionnels qui projettent une image positive et durable ;
- maintenir des relations durables et gagnantes avec la chaîne de vos différents contacts ;
- organiser et mesurer le bon suivi de son réseau.

Prenez soin de votre trésor

Dans son livre *Super Networking,* Michael Salmon conseille de considérer le réseau que l'on a réussi à se constituer pendant sa période de recherche d'emploi comme un trésor. Et de le traiter comme tel en le préservant, en le gérant avec attention, et en le faisant fructifier. Il a raison. Votre réseau est un capital précieux auquel il faut apporter une attention soutenue.

Cultivez-le en y prenant du plaisir. Réservez-vous au moins 1 ou 2 heures par semaine pour faire votre revue de Réseau. Établissez vos objectifs à court, moyen et long terme et passez en revue votre carnet d'adresses. Déterminez les personnes avec qui vous devriez reprendre contact et notez-le dans votre agenda. La semaine d'après, déroulez votre répertoire dans viaduc.com, linkedin.com ou plaxo et faites le même exercice. Et puis notez tous les rendez-vous, les infos essentielles et classez-les. La troisième semaine, prenez votre classeur de cartes de visite et recommencez l'exercice. Votre réseau ainsi développé et entretenu deviendra votre assurance-emploi vis-à-vis des aléas éventuels de votre carrière professionnelle.

Conclusion

Convaincu ? Alors allez-y !

Le Réseau, c'est comme le vélo pour un martien. Expliquer à quoi cela sert et comment cela marche n'est pas suffisant. C'est en pratiquant que l'on comprend le côté magique de l'outil et que l'on est définitivement convaincu.

Répétons-le : le Réseau n'est pas la panacée. C'est simplement une des méthodes les plus efficaces pour trouver l'emploi que vous visez. Surtout pour les cadres confirmés.

Pierre Blanc-Sahnoun, l'un des promoteurs des techniques de Réseau dans le cadre de la recherche d'emploi, auteur de *Comment trouver un emploi par relations... quand on n'a pas de relations ?* et co-auteur avec Fanny Barbier de *Développez votre réseau emploi,* écrit dans son ouvrage *Business Blues* un paragraphe à propos *« du Réseau et de ses limites »*. Il dit ainsi que : *« Il est plus difficile qu'autrefois d'obtenir des rendez-vous avec des gens que l'on ne connaît pas. »*. Il explique que le filon risque de se tarir, dans la mesure où les candidats ont tendance aujourd'hui à utiliser cette démarche d'une façon « un peu mécanique ». Il a raison : l'activation maladroite, mal comprise et mal maîtrisée du *Networking* crée de la méfiance, voire du rejet, vis-à-vis de cette démarche. Enseigner l'art d'activer le Réseau au plus grand nombre constitue un enjeu fondamental pour l'avenir.

Il s'agit non seulement de permettre à tout le monde d'utiliser cette technique efficace de recherche d'emploi, mais aussi de lui donner ses lettres de noblesse et, qui sait, de participer ainsi à une meilleure fluidité du marché du travail.

Un gagneur n'abandonne jamais

Ça y est ! Vous êtes dans l'action. Rappelez-vous qu'activer le Réseau consiste à courir un marathon. Il faut prendre le bon rythme et surtout gérer la distance. La seule différence avec un marathon, c'est qu'on ne sait pas combien de temps cela va durer. La première phase est un mélange d'appréhension et de découverte. Par la suite, vous allez ressentir l'enthousiasme des premiers contacts intéressants. Préparez-vous, au bout de quelques semaines, à connaître aussi des déceptions : des refus, des pistes qui n'aboutissent pas, d'autres sur lesquelles vous arrivez trop tard. En ce qui concerne le Réseau, la déception n'est que la différence entre les attentes et la réalité. Gardez en mémoire ce que disent les grands compétiteurs : *« Un abandonniste ne gagne jamais, un gagnant n'abandonne jamais. »*

100 % des gagnants ont tenté leur chance

Ce livre est dédié à tous les candidats qui ont été enthousiasmés et convaincus par l'efficacité de la méthode. Plus particulièrement à ceux qui, au début, étaient très sceptiques. Je les remarque rapidement au cours d'une conférence ou d'un atelier. Ils sont assis au fond ou sur le côté et croisent les bras et les jambes. Ils viennent pétris d'a priori négatifs et de croyances invalidantes apparemment bien ancrées. Pour eux, le Réseau c'est le diable, la drogue, la mafia, une secte obscure et, bien sûr, le règne du piston.

Puis, au fil de la session, ils se détendent. Ils comprennent que le *Networking,* c'est la vie et qu'ils l'utilisent déjà avec succès dans leurs activités quotidiennes. Une majorité de réticents acceptent alors d'essayer. C'est à ce moment précis que l'assistance a un rôle crucial à jouer. Ce n'est pas l'animateur qui peut convaincre les plus récalcitrants. Ce sont les témoignages des autres, de ceux qui se sont déjà lancés, leurs récits, leurs expériences qui créent l'intérêt, puis l'envie de tester cette technique de recherche. Un grand pas est alors franchi : ce n'est plus maintenant qu'un problème d'entraînement, de pratique, d'optimisation permanente et de patience jusqu'au succès.

Les 100 % de ceux qui ont trouvé un nouveau job par le Réseau ont tenté leur chance. Ils ont clairement fait le choix entre *Networking* et *Not Working*.

En attendant toujours mieux

Il n'est pas aisé de conclure sur un tel sujet. Le Réseau en recherche d'emploi est une réalité en marche. Ceux qui savent l'utiliser en mesurent tous les jours l'efficacité et en deviennent d'ardents promoteurs.

Lors de mes conférences, on me pose régulièrement la question de savoir si « Trop de réseau ne tue pas le Réseau ? ». Ma réponse est claire : c'est le réseau jetable qui abîme l'outil. Si une grande majorité de candidats l'emploie intelligemment, il n'y a rien à craindre et tout à espérer. Tout le monde y sera gagnant !

Maintenant, à vous de jouer ! À ce stade, je me suis efforcé de vous donner des principes d'action et des outils applicables pour réussir cette démarche. À chacun désormais d'en faire bon usage et de les adapter à sa personnalité et à sa façon d'être. Mais, quoi qu'il arrive, respectez scrupuleusement les valeurs fondamentales du Réseau.

Partie 3

Les outils Réseau

Outil 1

Réponses aux freins à utiliser le Réseau

Je n'ai jamais rien demandé à personne, je ne vais pas commencer maintenant !

Lorsqu'un professionnel vous demande un conseil ou un avis d'expert, vous êtes plutôt content de le donner, non ? Eh bien c'est exactement ce que votre interlocuteur Réseau va ressentir : il va se sentir valorisé. Pour peu, bien sûr, que vous lui fassiez une demande à laquelle il puisse effectivement répondre.

Je vais être dans une situation d'infériorité, je déteste cela !

Vous êtes un professionnel qui demande un conseil ou qui s'informe auprès d'un autre professionnel. En quoi lui êtes-vous inférieur ? Parce que vous n'avez plus de job ? Dans quelques mois, vous en aurez un et votre interlocuteur n'en aura peut-être plus. Par ailleurs, le fait de rencontrer beaucoup de professionnels du secteur ou du métier et de suivre de près l'actualité du domaine font de vous une source d'information précieuse. Cela facilite l'échange gagnant-gagnant et le début éventuel d'une relation d'alliance durable.

Je ne veux pas rencontrer des inconnus quand je suis dans une situation de transition de carrière humiliante pour moi

Si vous n'allez pas à la rencontre d'inconnus pendant cette période, vous risquez de perdre votre temps et la confiance en vous. Et puis il ne s'agit pas vraiment d'inconnus puisque vous les contacter de la part d'une relation commune. Le fait d'avoir des entretiens avec des personnes qui acceptent de vous recevoir et de vous donner des conseils et des informations devrait vous mettre sur la piste de jobs et vous regonfler le moral.

Personne ne voudra me rencontrer, je vais essuyer des refus, cela va me miner le moral

Si vous bénéficiez d'une bonne recommandation, si vous êtes bien préparé et si vous demandez ce que l'autre peut vous donner (tout sauf un job !), vous serez reçu neuf fois sur dix. C'est bon pour le moral car vous resterez ainsi dans le bain, au plan professionnel. Au lieu d'attendre chez vous d'hypothétiques convocations à des recrutements détectés dans les petites annonces ou sur le Net, vous serez sur le terrain à rencontrer des professionnels.

Je vais être débiteur de la personne qui me reçoit, je n'aime pas cela

La personne qui vous reçoit vous rend service et c'est à vous de faire en sorte que ce service soit agréable pour elle. Par la suite, votre seule obligation est de la remercier par écrit et de la tenir au courant de la bonne suite de votre parcours et des entretiens obtenus grâce à elle. C'est de la politesse élémentaire ! Si en plus vous lui envoyez une ou deux informations qui peuvent l'intéresser (voir le chapitre des Boosters), non seulement vous équilibrerez la relation, mais surtout vous la rendrez durable.

Quel intérêt aurait-il à m'aider ?

Il faut savoir qu'il rend doublement service : au connecteur en acceptant de vous recevoir, ensuite, à vous en vous donnant des conseils ou des informations.

Cela va me prendre beaucoup trop de temps

C'est vrai. En moyenne, on considère qu'il faut entre 60 et 70 entretiens Réseau pour identifier 3 pistes et décrocher un job. Si vous ne réalisez que 2 entretiens par semaine, vous mettrez 8 mois pour arriver à vos fins. Avec un rythme de 6 entretiens pas semaine, vous trouverez en moins de 3 mois. Ce sont donc de longues heures à investir au départ pour amorcer la pompe, mais c'est surtout beaucoup de temps gagné à l'arrivée.

Tout cela c'est du bluff. Je n'y crois pas. Cela ne marchera pas.

Si vous êtes réfractaire au Réseau, vous avez raison, pour vous cela ne marchera pas. En revanche, si vous avez peur de vous lancer, dites-vous que vous n'avez pas grand-chose à perdre à essayer. Mais, dans ce cas-là, programmez-vous mentalement pour réussir. Si vous gardez une posture mentale de perdant, vous n'y arriverez pas.

Je suis DRH, comment est-ce que je fais ? Je ne vais pas contacter mes homologues ?

Compte tenu de votre fonction, il faut adapter votre démarche Réseau. En premier lieu, vous pouvez renouer ou établir facilement des contacts avec des chasseurs de têtes et des cabinets de recrutement dans la mesure où vous en avez été, ou pourriez en être prochainement, client. Allez voir aussi des cabinets de consulting RH avec qui vous avez déjà travaillé pour bénéficier de leur vision du marché et de leur bienveillance vis-à-vis du professionnel que vous êtes.

Vous devez toucher les présidents, DG, DGA des sociétés de votre liste de cibles. Rencontrez aussi des connecteurs et des informateurs, en dehors de votre branche, pour récolter les données nécessaires à votre approche.

Outil 2

Diagnostic de projet professionnel

Est-ce que votre projet est réaliste :

Par rapport à votre formation ?

Par rapport à votre parcours professionnel ?

Par rapport à votre personnalité ?

Par rapport à vos principales compétences ?

Par rapport à vos besoins financiers ?

Par rapport à votre situation familiale ?

Est-ce que votre projet est réalisable :

Rapidement ?

Sur le marché que vous visez ?

Selon les professionnels à qui vous l'avez présenté ?

Sur les cibles que vous visez ?

Est-ce que vous avez validé :

La communication de votre projet ?

Est-ce que vous sentez :

Que c'est votre vocation ?

Que vous allez réussir dans ce projet ?

Que votre projet donne envie aux autres ?

Outil 3

Starter-list de Réseau direct

Qui je connais et qui me connaît ?

Ma famille (parents, grands-parents, frères, sœurs, beaux-frères, belles-sœurs, cousins, cousines et leurs conjoints, gendre, belle-fille).

Mes amis proches et éloignés.

Les amis de mes amis (rencontrés grâce à eux).

Mes collègues de travail anciens et actuels.

Mes fournisseurs passés et actuels.

Mes clients anciens et actuels.

Mes concurrents passés et actuels.

Mes anciens patrons.

Mes anciens collaborateurs.

Mes anciens stagiaires.

Mes anciens condisciples de l'enseignement secondaire et supérieur.

Mes anciens professeurs.

Mes partenaires de sport.

Mon médecin.

Mon kinésithérapeute.

Mon psychothérapeute.

Mon ostéopathe.

Mon pharmacien.

Mon dentiste.

Mon banquier.

Mon comptable.

Mon conseiller juridique.

Mon agent d'assurance.

Mon coiffeur.

Mon formateur lors du dernier séminaire de…

Mes relations de vacances.

Les personnes que j'ai aidées un jour.

Les membres de l'association de bénévoles dont je fais partie.

Mes voisins.

Les membres du conseil municipal.

Mes contacts directs sur le Net (viaduc, linkedin, etc.).

Etc.

Outil 4

Check-list d'appel Réseau

1. Suis-je dans un endroit calme où je suis sûr de ne pas être dérangé ?

2. Suis-je dans un bon jour, en forme, la voix claire ?

3. Est-ce que je dispose d'un téléphone qui fonctionne correctement ?

4. Est-ce que j'ai mon agenda sous la main ?

5. Suis-je équipé d'un papier et d'un crayon ?

6. Ai-je bien noté le nom exact de mon futur interlocuteur, son titre, le nom de sa société, toutes ses coordonnées, le nom de la personne qui m'a recommandé de l'appeler ?

7. Est-ce que mon scénario d'appel est prêt ? Les premières phrases écrites et les points clés notés ?

8. Est-ce que je l'ai bien en tête ?

9. Suis-je à l'aise avec les phrases de déminage ?

10. Est-ce que j'ai bien fermé mon portable à côté de moi, si je téléphone d'un poste fixe ?

11. Est-ce que je suis prêt à enchaîner les appels afin de bénéficier de la spirale du succès ?

Outil 5

Scénario d'appel Réseau classique

— Bonjour, pourrais-je parler à M. Patrick Merle ?

— Lui-même.

— Je m'appelle Éric Bertrand et je vous appelle de la part de Hervé Bommelaer.

— Oui, c'est à quel sujet ?

— Je suis chargé de communication, actuellement en phase de repositionnement professionnel et je cherche des informations sur le secteur des nouvelles technologies ; Hervé Bommelaer m'a chaudement recommandé de vous rencontrer dans ce but.

— Vous cherchez à travailler dans ce secteur ?

— C'est en effet l'une des pistes que j'investigue actuellement. Mais, que les choses soient bien claires, je ne vous demande pas un job, je cherche juste à recueillir des informations auprès de professionnels du secteur comme vous.

— J'entends bien, mais je n'ai pas une minute à moi en ce moment pour vous recevoir.

— Rassurez-vous, je n'ai besoin que de 30 minutes.

— Certes, mais mon agenda est bouclé pour les deux semaines qui viennent.

— Si c'est dans trois semaines, cela me convient très bien.

— Bien, je vous propose le 15 février prochain, disons à 8 h 30, à mon bureau.

— Parfait. Je vous remercie. Je vous redonne mon nom ainsi que mon numéro de portable en cas d'empêchement : Jacques Bertrand au 06 60 55 77 88. Vos bureaux sont bien situés au 16, rue Vivienne à Paris ?

— Tout à fait.

— Je vous remercie Monsieur Merle, au revoir.

— Au revoir.

Outil 6

Scénario d'appel Réseau difficile

— Bonjour, pourrais-je parler à Monsieur Patrick Merle.

— Lui-même.

— Je m'appelle Éric Bertrand et je vous appelle de la part de Hervé Bommelaer.

— Oui, et alors ?

— Je suis chargé de communication, actuellement en phase de repositionnement professionnel, je cherche des informations sur le secteur des nouvelles technologies et Hervé Bommelaer m'a chaudement recommandé de vous rencontrer dans ce but.

— Je vous préviens tout de suite, nous ne recrutons personne en ce moment.

— Rassurez-vous, je ne vous demande pas un job, je cherche juste à recueillir des informations auprès de professionnels du secteur comme vous.

— Oh c'est simple, le secteur est bouché et il n'y a rien à dire de plus.

— Est-il possible que l'on se rencontre pour que vous m'expliquiez votre analyse et votre vision du marché ? Si vous avez 30 minutes à me consacrer, ce serait parfait.

— J'ai quelques minutes devant moi, je vais répondre à vos questions par téléphone.

— Je préférerais vous rencontrer personnellement si cela ne vous dérange pas ?

— Je suis très pris dans les semaines à venir, je n'ai vraiment pas le temps de vous rencontrer.

— Même dans trois semaines ? Cela me conviendrait parfaitement. Hervé Bommelaer m'a dit que vous êtes la personne la plus à même de me donner les informations que je recherche.

— Bon, si Hervé vous a dit cela, voyez avec mon assistante pour qu'elle vous donne un rendez-vous. Vous aurez 30 minutes. Pas une de plus.

— Je vous remercie. Je reste en ligne. Au revoir.

— Au revoir.

Outil 7

Check-list d'entretien Réseau

Ai-je bien préparé mon entretien Réseau ?

Me suis-je bien renseigné sur l'entreprise ?

Est-ce que je suis bien parti avec la bonne adresse et l'itinéraire pour m'y rendre ?

Ai-je bien pris des renseignements sur la personne qui me reçoit et ses liens avec le connecteur ?

Suis-je ponctuel ?

Ai-je des cartes de visite sur moi ?

Ai-je bien pris ma montre ?

Ai-je préparé mes questions ?

Suis-je au point sur mon déroulé d'entretien en dix étapes ?

Ai-je de quoi prendre des notes ?

Ai-je bien en tête le nom de la recommandation ?

Suis-je bien clair et précis sur ma demande ?

Suis-je habillé comme un professionnel du métier ?

Ai-je bien laissé mes CV à la maison ?

Ai-je bien éteint mon téléphone portable ?

Ai-je bien pensé à être aimable avec l'hôtesse d'accueil et la secrétaire ?

Outil 8

L'entretien Réseau en dix étapes

1 Bonjour, nom

C'est la moindre des politesses. Attention ! Le stress peut accélérer votre débit de parole ou vous faire avaler vos mots.

2 Rappel de la recommandation

C'est essentiel car très souvent votre interlocuteur vous prend entre deux rendez-vous et il ne se souvient plus du tout qui vous êtes, pourquoi vous venez et qui vous envoie !

3 Validation du temps

C'est une question là encore de politesse et de professionnalisme. En rappelant à votre hôte la durée prévue de l'entretien, vous le mettez à l'aise. C'est à vous d'être vigilant vis-à-vis du temps.

4 Rappel succinct de la démarche

Cela consiste à lui rappeler en quelques mots pourquoi vous êtes là et ce que vous attendez de lui : validation, information, conseils, etc.

5 Proposition de plan

Vous tenez le volant, c'est donc à vous de proposer le plan de l'entretien. Laissez à votre interlocuteur le temps de vous donner son accord.

6 Présentation personnelle en deux minutes (PP2M)

Voir le chapitre correspondant.

6 bis Option : et vous ?

C'est la possibilité que vous pouvez offrir à votre interlocuteur de se raconter. À utiliser si vous êtes certain que vous n'êtes pas en face d'un grand bavard.

7 Demande précise

C'est le moment de préciser votre demande et de poser, le cas échéant, les questions que vous avez préparées.

8 Échange, écoute, dialogue

Phase d'écoute active. Vous avez le droit de prendre des notes.

9 Obtention et validation des recommandations, liste le cas échéant

Cinq minutes avant la fin prévue de l'entretien, remerciez votre interlocuteur et posez la question ouverte sur les personnes qu'il serait intéressant de rencontrer dans le cadre de votre démarche.

Il faut faire appel à sa créativité et ne pas la brider par une question fermée. Ensuite, n'oubliez pas de procéder au double verrouillage ou d'utiliser la variante américaine.

Si votre interlocuteur n'a pas d'idée, vous pouvez l'aider en évoquant des noms de cibles (entreprises ou personnes). En aucun cas, ne sortez une liste tapée que vous lui collez sous le nez ! Attention à l'effet « presse-citron », une telle attitude risque de ruiner l'impression que vous avez faite jusque-là.

10 Remerciements, phrases magiques

Le moment est venu de partir. Remerciez en soulignant ce que vous a apporté cet entretien. Dites bien à votre interlocuteur que, bien entendu, vous le tiendrez au courant des entretiens que vous allez mener à la suite des recommandations qu'il vous a données et aussi de la suite de votre parcours.

N'oubliez pas la petite phrase magique : « Si je peux vous rendre un service, n'hésitez pas à me contacter. »

À noter : vous pouvez donner votre carte de visite au début de l'entretien, au moment de votre PP2M ou de prendre congé. À vous de juger. Pour ma part, je préfère la donner au début de l'échange, cela fait plus professionnel à professionnel.

N'emportez jamais de CV car vous seriez tenté de le donner…

Ces dix points constituent une trame classique. Vous pouvez et devez l'adapter, en fonction de votre propre personnalité et surtout de vos interlocuteurs.

Outil 9

Présentation personnelle en 2 minutes (PP2M)

Comment se présenter

L'attention moyenne d'un être humain est limitée à deux minutes environ. Vous avez donc cent vingt secondes pour dire l'essentiel sur vous. La présentation personnelle en 2 minutes sert à vous présenter au début d'un entretien Réseau (et plus tard d'embauche).

En deux minutes, vous devez :

- permettre à votre interlocuteur de retenir l'essentiel sur vous ;
- faire tout de suite bonne impression par la précision et la concision de votre propos ;
- bâtir un socle solide pour la suite de l'entretien.

Lorsque j'anime des séminaires sur la présentation personnelle en deux minutes, je suis souvent interpellé sur sa durée jugée « trop courte ». Lorsque nous faisons l'exercice avec les différents participants, j'interroge ensuite systématiquement un membre du groupe pour qu'il nous dise ce qu'il a retenu de la présentation de son voisin. Le taux de restitution exact varie entre 45 et 70 %. C'est très rare de dépasser ce chiffre. Lorsqu'on enregistre les candidats en vidéo et que le voisin détaille ce qu'il a retenu de ces deux écoutes – en temps réel + vidéo –, le score gagne en général quelques points mais on est encore loin des 100 %.

Encore une fois, on constate que : moins, c'est plus.

Structurer son discours

Pour maximiser la mémorisation, il faut s'inspirer des méthodes des grands communicateurs : dire des choses simples avec des mots simples et pertinents. Pour arriver à un résultat efficace, il faut minutieusement préparer sa présentation. Je conseille aux personnes que j'accompagne dans leur démarche Réseau d'écrire au mot près leur présentation en deux minutes. Pour cela, il convient d'adopter un langage parlé et de choisir chaque mot avec minutie. Il faut écrire des phrases courtes et utiliser des mots et des verbes d'action précédés du pronom « je ».

Il ne s'agit pas de réciter sa PP2M à la façon d'un perroquet. Le simple fait de la mettre noir sur blanc doit vous aider à l'optimiser et à la retenir. Cela devient un canevas à partir duquel vous pouvez construire un discours percutant.

La garantie d'efficacité de la présentation réside dans sa structuration. Il est essentiel de construire vos deux minutes de discours pour faciliter la mémorisation de votre interlocuteur. Il faut avant tout penser à l'aider en citant les têtes de chapitres et en observant une respiration entre deux parties distinctes. Pour cela, je vous propose d'adopter le plan suivant en cinq parties.

Outil 10

Plan de la PP2M

État-civil

Nom…Je m'appelle…

Âge…

Situation familiale…

Formation…

Métier

Mon métier, c'est…

Parcours professionnel

Mon parcours professionnel…

Compétences professionnelles (optionnel)

J'ai quatre compétences professionnelles principales.

Ma première compétence, c'est…

Ma deuxième compétence, c'est…

Ma troisième compétence, c'est…

Enfin, ma quatrième compétence, c'est…

Mon projet

Mon projet, c'est…

Outil 11

Exemple de PP2M

Je m'appelle Paul Durand. J'ai 39 ans. Je suis marié, j'ai deux jeunes garçons.

Je suis diplômé de l'EDHEC complété par un DESS de marketing à Dauphine.

Mon métier : je suis directeur du marketing. Ces trois dernières années, j'ai occupé cette fonction chez Globus France.

Mon parcours professionnel a commencé en 1990 chez Nestlé en tant que chef de produit. En 1996, je suis parti chez Henkel pour occuper les fonctions de chef de groupe dans le secteur des lessives. En 2000, j'ai été contacté par un chasseur de têtes et suis entré chez Globus France afin de prendre la responsabilité du marketing de la branche produits frais. Ma mission a consisté à lancer, en 2002, la célèbre marque Glob sur le marché français. En deux ans, cette dernière a pris 18 % de parts de marché et est devenue le n° 2 du marché.

Aujourd'hui, j'ai quatre principales compétences. Ma première compétence, c'est la maîtrise de tous les aspects du marketing : analyse marché, définition de la stratégie et optimisation du marketing-mix.

Ma deuxième compétence, c'est une réelle expertise en matière de lancement ou de repositionnement de marque.

Ma troisième compétence, c'est le management d'équipe : recrutement, animation et motivation.

Enfin, ma quatrième compétence, c'est la parfaite maîtrise de l'anglais et le goût et la capacité à travailler dans un environnement international.

Mon projet actuel est de prendre la direction marketing Europe d'un groupe alimentaire international.

Outil 12

Modèles de mot de remerciement (manuscrits ou e-mail)

Modèle n° 1

Cher Monsieur,

Je tiens à vous exprimer mes sincères remerciements pour le très fructueux entretien que vous m'avez accordé hier.

Votre expérience et votre vision de l'avenir du marché de la ... en Europe m'ont particulièrement séduit.

J'ai aussi apprécié votre écoute et les conseils que vous m'avez donnés sur mon projet professionnel.

J'ai bien noté que je peux appeler de votre part messieurs X et Y, ce que je ne manquerai pas de faire dans les jours qui viennent.

Bien entendu, je vous tiendrai informé de la suite de mon parcours.

Bien cordialement,

Jean Aymar

Modèle n° 2

Madame,

Je vous remercie pour l'entretien que vous avez eu la gentillesse de m'accorder hier soir.

Vos conseils vont m'être d'une grande aide pour affiner mon projet professionnel. J'ai bien noté votre idée d'axer mon positionnement marché sur la finance internationale et de m'intéresser plus particulièrement aux sociétés anglo-saxonnes.

Par ailleurs, je prendrai contact, de votre part, avec les deux personnes que vous m'avez indiquées : Mme Y et M^{r} X.

Comme convenu, je vous tiendrai informé de la suite de l'avancement et de la concrétisation de mon projet professionnel.

Meilleures salutations,

Jacques Hadye

Outil 13

Networktracking

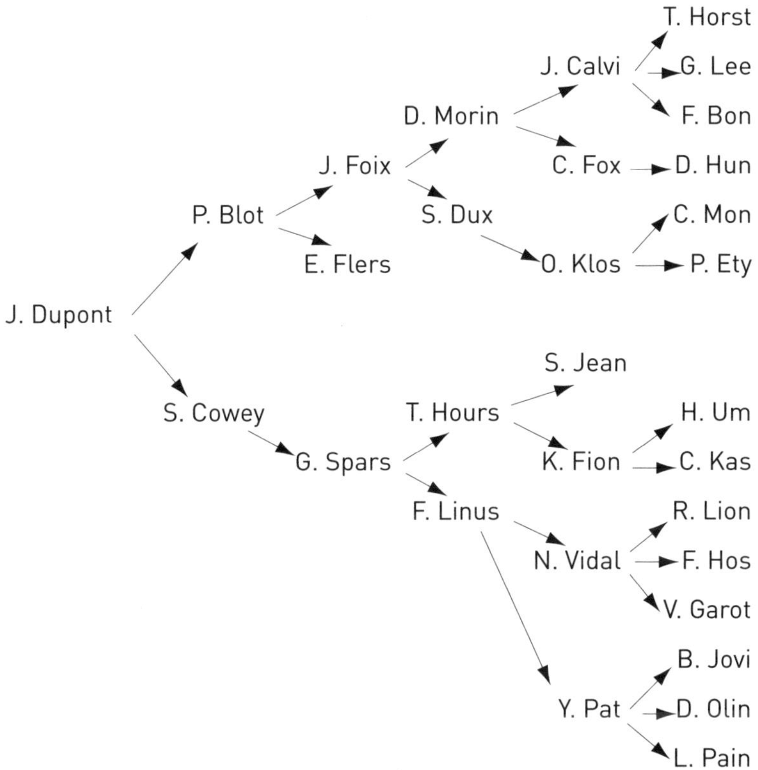

Comment suivre les maillons de la chaîne des contacts ? Dans l'exemple ci-dessus, on constate qu'un contact direct peut générer aisément 30 entretiens en seulement cinq étapes.

Outil 14

Modèles de tableau de suivi Réseau

Nom	Prénom	Société	Poste	Téléphone	Mail	Adresse	Recommendation	Appel
Bison	Paul	Globus	D G	01 01 01 01 01	paulbison@ globus.com	24 rue de la Paix	Paul Pot	04/06

Entretien	18/06								
Reco.obtenues	J. Bert P. Bille								
Lettre Merci	19/06								
Commentaires	Voir CR								
Contact 4.	Article 04/07								
Contact 5	Retour Bert 22/07								
Contact 6	Retour Bille 24/07								
Contact 7	INV. Conf. 06/09								
Contact 8	2e Entretien 10/11								
Contact 9	Vœux 26/12								

Outil 15

Modèle de compte rendu d'entretien Réseau

Compte rendu d'entretien Réseau

Date de l'entretien :

Nom de l'interlocuteur :

Société :

Adresse :

Téléphone :

e-mail :

Nom de la secrétaire :

Nom de la recommandation :

Impression globale :

Points d'amélioration :

Validation de mon projet :

Ce que j'ai appris sur lui (elle) :

Ce que j'ai appris sur sa société :

Ce que j'ai appris sur le métier :

Ce que j'ai appris sur le secteur, le marché, les concurrents :

Les idées que j'ai glanées :

Recommandations obtenues (+ ou ++) :

Ce que je lui ai promis :

Mot de remerciement envoyé le :

Événement 4 :

Événement 5 :

Événement 6 :

Événement 7 :

Événement 8 :

Événement 9 :

Événement 10 :

Événement 11 :

Outil 16

Diagnostic de Réseau

Questionnaire pour identifier le(s) point(s) de blocage à la bonne activation du Réseau

Date du diagnostic :

Formation Réseau suivie :

Validation du projet par le Réseau effectuée du… au… :

Date du début de l'activation du Réseau :

Durée de l'activation du Réseau :

Nombre de cibles détectées :

Taille du réseau direct :

Nombre d'appels donnés :

Nombre de rendez-vous obtenus :

Ratio nombre d'entretiens/nombre d'appels :

Nombre d'entretiens par semaine (moyenne)

Utilisation du double verrouillage :

Utilisation de la variante américaine :

Utilisation des phrases de « déminage » :

Ratio nombre de mots de remerciement/nombre d'entretiens :

Nombre de recommandations obtenues :

Ratio du nombre de recommandations/nombre d'entretiens :

Nombre de pistes détectées :

Outil 17

Testez votre degré de connexion

Tester ses relations dans le réseau

Vous trouverez ci-dessous une liste de 200 noms de famille. Cochez les noms des personnes adultes que vous connaissez et qui vous connaissent.

Si plusieurs de vos connaissances ont le même nom, comptez-en seulement deux. Si l'orthographe du nom de votre connaissance est très proche de celui indiqué (ex : Dupont et Dupond), cochez-le.

Si votre nom de famille fait partie de la liste, ne le cochez pas.

Cet exercice vous donnera une indication sur votre niveau de connexion au Réseau.

Score

Moins de 10 noms : connectivité faible.

Entre 10 et 20 noms : connectivité basse.

Entre 20 et 35 noms : connectivité moyenne.

Entre 35 et 50 noms : connectivité forte.

Plus de 50 noms : excellente connectivité.

Abdellah	Abraham	Achard
Alain	Alfonso	Alliot
Allouche	Amet	Andrew
Andrieux	Atlan	Aubry

Ayoun	Azoulay	Babin
Baeur	Barbier	Bardoux
Barthes	Baudoin	Beauvais
Ben Ali	Ben Hamou	Ben Moussa
Ben Youssef	Benguigui	Benichou
Benssoussan	Bertin	Bertrand
Besnard	Blanc	Blanchet
Blin	Bloch	Blondeau
Bonnet	Bosse	Boucher
Boulet	Bouchayer	Bourdin
Bourgeois	Bourre	Boutet
Boyer	Brahimi	Brunette
Capron	Caron	Champion
Chang	Chalon	Charrier
Chauvet	Constant	Cormier
Cosnard	Coutard	Da Costa
Da Silva	David	Delage
Denis	Descamps	Doulcet
Dubois	Dufour	Duhamel
Dupond	Duval	Etienne
Faucher	Faure	Fernandez
Ferrari	Feraud	Fortier
Fortin	Fournier	Frantz
Frederick	Gabriel	Garcia
Garnier	Gaucher	Gautier
Georges	Gervais	Giovani
Gisbert	Girard	Giraud
Godet	Godin	Goldberg
Gomez	Gonzales	Goupil
Granger	Granier	Gros
Guerin	Guillaume	Guillemin
Guillot	Habert	Hamel
Hamelin	Hernandez	Hoffmann

Huard	Hubert	Huguet
Humbert	Humblot	Husson
Imbert	Jacquet	Jacobs
Jeantot	Joly	Karl
Labbe	Lacoste	Lacroix
Lafont	Lagarde	Lambert
Laroche	Larue	Launay
Laurent	Lavaud	Le Bihan
Leblond	Le Breton	Lebrun
Leclerc	Lecornec	Lecuyer
Ledoux	Lefevbre	Lefranc
Legendre	Le Goff	Legrand
Legras	Lemaire	Lemoine
Lenormand	Leonard	Leroy
Levy	Loiseau	Lopez
Louvet	Ly	Magnin
Maitre	Mamadou	Marchal
Martin	Martinez	Mathew
Mathias	Mathieu	Mauduit
Mayer	Mercier	Merlin
Meyer	Michaud	Mohamed
Moreau	Morin	Morvan
Neveu	Nguyen	Nicolas
Nicoli	Noel	Ogier
Oliviera	Pages	Parise
Pelissier	Perrin	Petit
Picard	Philippe	Pommier
Postel	Poirier	Prat
Prieur	Prigent	Prevost
Quentin	Ramier	Ramirez
Ramos	Ratier	Renier
Remy	Renard	Reynaud
Richard	Rideau	Robert

Robinet
Roche
Rodriguez
Roger
Rollin
Romain
Rosa
Rossi
Rouer
Rousseau
Roussel
Rousselet
Roux
Sabban
Salmon
Salomon
Sanchez
Sarfati
Saunier
Savary
Schmidt
Schmitt
Simon
Simonnet
Taieb
Tessier
Texier
Thomas
Tissot
Tran
Uzan
Vannier
Verdier
Vigier
Vincent
Wagner
Wang
Weill
Wong

Outil 18

Test Réseau : les cartes de vœux

Comptez les cartes de vœux et les mails de vœux que vous avez envoyés à la fin de l'année passée. Ajoutez-y le nombre de cartes et de mails auxquels vous avez répondu. Faites le total (T).

Si votre total est inférieur à 25, vous n'êtes pas actuellement branché Réseau. À partir de 50, c'est acceptable. Si vous dépassez les 100, ça y est vous avez tout compris.

Maintenant, calculez le pourcentage de cartes envoyées spontanément (T1) puis celui des cartes reçues et auxquelles vous avez répondu (T2). Si vous avez un T1 supérieur ou égal à 65 % du total (T), vous êtes clairement en phase de construction et/ou d'activation de Réseau. Si, en revanche, votre T2 est nettement supérieur à votre T1, cela démontre le fait que vous vivez sur vos acquis et que vous n'êtes pas, ou plus, en phase d'expansion de votre réseau.

Outil 19

Test Réseau : les aptitudes au Réseau

Répondre simplement aux questions par oui ou non.

1. Je n'ai jamais de cartes de visite professionnelles à jour sur moi :

☐ Oui ☐ Non

2. Dans une manifestation professionnelle, je fais facilement la connaissance d'au moins deux nouvelles personnes :

☐ Oui ☐ Non

3. Je n'ai pas obtenu un de mes précédents postes par le Réseau :

☐ Oui ☐ Non

4. J'envoie (et/ou je réponds à) plus de 30 cartes de vœux par année :

☐ Oui ☐ Non

5. Je ne dis jamais à une personne inconnue avec qui j'engage la conversation ce que je fais comme métier :

☐ Oui ☐ Non

6. Je considère qu'il est essentiel de donner avant de recevoir :

☐ Oui ☐ Non

7. Ce sont toujours mes relations qui me contactent pour prendre de mes nouvelles.

☐ Oui ☐ Non

8. Mon carnet d'adresses est tenu à jour. J'y reporte les changements de coordonnées des personnes que je connais et j'y inscris le nom de mes nouvelles connaissances :

☐ Oui ☐ Non

9. Je déteste demander conseil ou même de l'aide autour de moi en cas de besoin :

☐ Oui ☐ Non

10. Je sais poser des questions à un interlocuteur en m'intéressant sincèrement à lui et à son métier :

☐ Oui ☐ Non

11. Je ne souris pas dans un cadre professionnel :

☐ Oui ☐ Non

12. Je sais accueillir aimablement les personnes que je ne connais pas, même si elles me dérangent dans mon travail :

☐ Oui ☐ Non

13. Je ne partage pas facilement mes informations avec les autres :

☐ Oui ☐ Non

14. On m'envoie souvent des gens pour que je puisse les conseiller :

☐ Oui ☐ Non

15. J'ai la réputation de toujours laisser ma porte fermée :

☐ Oui ☐ Non

16. Je suis un membre actif d'au moins un club ou une association :

☐ Oui ☐ Non

17. Je ne sais pas complimenter les autres sur leurs points positifs et leurs atouts :

☐ Oui ☐ Non

18. Je sais dire « merci » :

☐ Oui ☐ Non

19. Je suis gêné si l'on me remercie :

☐ Oui ☐ Non

20. Cela ne me pose pas de problème d'appeler quelqu'un que je ne connais pas au téléphone :

☐ Oui ☐ Non

21. Je n'aime pas rendre service aux autres, c'est une perte de temps :

☐ Oui ☐ Non

22. Les gens se souviennent généralement de moi et du métier que j'exerce :

☐ Oui ☐ Non

23. Je ne prends jamais de notes sur les personnes que je rencontre pour m'en souvenir :

☐ Oui ☐ Non

24. J'ai une très bonne mémoire des noms :

☐ Oui ☐ Non

25. Je n'ai pas une excellente mémoire des visages :

☐ Oui ☐ Non

26. Je n'ai aucun souci pour appeler une personne que je n'ai pas vue depuis plusieurs années :

☐ Oui ☐ Non

27. Je ne rends jamais service sans qu'on me l'ait demandé :

☐ Oui ☐ Non

28. Je suis d'un naturel optimiste et sociable :

☐ Oui ☐ Non

29. Je ne suis jamais invité à des manifestations professionnelles :

☐ Oui ☐ Non

30. Je n'ai pas une mauvaise image du mot « Réseau » :

☐ Oui ☐ Non

Score

Comptez 1 point à toutes les questions impaires auxquelles vous avez répondu « non » et 1 point à toutes les interrogations paires où vous avez coché la case « oui »

Faites le total des points.

Plus de 25 points : bravo ! Vous avez l'esprit Réseau, mais ce n'est pas une raison pour vous endormir sur vos lauriers. Il y a certainement des domaines du Réseau où vous pouvez encore progresser.

Entre 20 et 25 points : encore un effort et vous aurez l'esprit Réseau. Vous avez de bonnes bases.

Entre 15 et 20 points : comme beaucoup de personnes, vous n'avez pas – ou vous n'avez pas eu le besoin de développer – l'esprit Réseau. C'est peut-être le moment d'utiliser une nouvelle technique de recherche d'emploi et d'optimisation de carrière. Pour cela, il vous faut absolument suivre une formation.

Moins de 15 points : soit votre marge de progrès est importante, dans ce cas, autant vous y mettre tout de suite et vous serez étonné des résultats ; soit vous êtes réfractaire au Réseau, dans ce cas, il faut que vous en parliez à un spécialiste pour qu'il analyse vos freins avec vous.

Outil 20

Test Réseau : les facteurs de succès

Répondre en choisissant, pour chaque question, parmi les trois propositions celle qui vous correspond le mieux ou celle qui vous paraît la plus juste (une seule réponse possible par question).

1. En recherche d'emploi, le Réseau sert avant tout à :
   a) mobiliser ses amis autour de ses recherches
   b) améliorer son moral
   c) atteindre ses cibles par contacts successifs
2. Le Réseau, c'est avant tout :
   a) une façon de rester en contact avec l'univers professionnel
   b) utiliser un booster vers l'emploi
   c) utiliser le piston
3. L'arme absolue du Réseau, c'est :
   a) la recommandation
   b) le réseau personnel qu'on possède au départ
   c) la maîtrise d'Internet
4. On ne réussit à mobiliser le Réseau que si :
   a) on a un projet professionnel clair et réaliste
   b) on est déjà bien introduit dans le Réseau
   c) on a plus de 35 ans

5. Attaquer le Réseau, cela :
   a) se fait d'instinct
   b) s'apprend sur le tas
   c) commande d'en connaître les règles de fonctionnement
6. Le Réseau, c'est plutôt :
   a) je reçois et je remercie
   b) je reçois plus que je donne
   c) gagnant-gagnant
7. Une prise de rendez-vous Réseau, au téléphone, cela :
   a) doit permettre de poser quelques questions clés
   b) doit aboutir simplement à obtenir un rendez-vous
   c) peut remplacer l'entretien en face à face, le cas échéant
8. En entretien Réseau :
   a) je garde le contrôle du déroulement
   b) je laisse mon interlocuteur mener la discussion
   c) j'improvise en fonction de mon humeur
9. Quand je suis en entretien Réseau :
   a) je donne systématiquement mon CV en début de rendez-vous
   b) je donne mon CV en fin de rendez-vous
   c) je n'emporte jamais de CV
10. Je dois sortir d'un entretien Réseau avec :
   a) au moins deux contacts sûrs
   b) la certitude d'avoir bien fait passer mon message
   c) un service à rendre à la personne qui vient de me recevoir
11. À la fin d'un entretien Réseau :
   a) je remercie mon interlocuteur
   b) je le remercie et je lui envoie un petit mot de remerciement le lendemain
   c) j'essaye de prendre un nouveau rendez-vous avec lui

12. Après un entretien Réseau :

a) je rappelle régulièrement mon contact pour lui demander s'il a vu des offres pour moi

b) je le tiens au courant des entretiens obtenus grâce aux contacts qu'il m'a donnés

c) nous sommes quittes et je n'ai pas de comptes à lui rendre

13. Je pense que le Réseau :

a) peut s'épuiser au bout d'un certain temps d'activation

b) est une manière efficace de trouver un emploi au sein du marché caché

c) est la dernière solution après avoir tout essayé

14. Une des lois clés de la recherche d'emploi par le Réseau est :

a) le syndrome du major Thompson

b) la force des liens faibles

c) l'effet miroir

15. Quelqu'un vient me voir de la part du Réseau :

a) je lui donne tout de suite tous mes contacts

b) je ne lui donne aucun contact au premier rendez-vous

c) je lui donne un ou deux contacts si je le sens prêt

16. Lorsqu'en entretien, on me donne un contact à appeler :

a) je ne l'appelle que s'il m'intéresse

b) je l'appelle dans les quatre jours qui suivent

c) je l'appelle quand j'ai le temps

17. En entretien Réseau, je présente :

a) aucun projet professionnel

b) un seul projet

c) plusieurs projets

18. Lorsque je travaille le Réseau, je prépare en priorité :

a) un tableau de suivi

b) des cartes de vœux pour la fin d'année

c) mon répondeur téléphonique

19. Pour moi, l'enjeu du Réseau, c'est :

a) me faire un maximum d'amis

b) me constituer un carnet d'adresses pour l'avenir

c) me faire des alliés dans ma recherche d'emploi

20. Enfin, une fois que j'ai retrouvé un job, j'informe :

a) mes amis proches

b) juste les personnes qui m'ont connecté à ce job

c) toutes les personnes que j'ai rencontrées pendant cette phase d'activation du Réseau

Score

Comptez 1 point par bonne réponse.

Bonnes réponses : 1. c, 2. b, 3. a, 4. a, 5. c, 6. c, 7. b, 8. a, 9. c, 10. a, 11. b, 12. b, 13. b, 14. b, 15. c, 16. b, 17. b, 18. a, 19. c, 20. c

Plus de 17 points : vous êtes prêt à vous lancer dans une recherche d'emploi *via* le Réseau. Bonne chance !

Entre 14 et 17 points : vous avez les bases, mais il vous manque encore quelques éléments clés. Notez-les et travaillez-les.

Entre 10 et 13 points : Vous n'êtes pas encore prêt. Vous trouverez dans ce livre les réponses à vos interrogations.

Moins de 10 points : surtout ne vous lancez pas dans le Réseau. Vous n'êtes pas du tout prêt. Relisez la première partie !

Bibliographie

APFELDORFER Gérard, Les relations durables, éd. Odile Jacob, 2004.

BERZIERI Frank, *Vos relations = votre emploi,* éd. Prat, 2005.

BLANC-SAHNOUN Pierre, *Trouver un emploi par relations... quand on n'a pas de relations !,* éd. Rebondir, 1998.

BLANC-SAHNOUN Pierre, BARBIER Fanny, *Développez votre réseau emploi,* éd. First, 1994.

BLANC-SAHNOUN Pierre, *Business Blues,* Éditions d'Organisation, 2005.

BLASS Thomas, *The Man who Shocked the World : Stanley Milgram*, Basic Books, 2004.

BOLLES Richard Nelson, *De quelle couleur est votre parachute ?,* éd. Reynald Goulet, 2003.

BOOTHMAN Nicholas, *Tout se joue en moins de 2 minutes,* éd. Marabout, 2002.

CARDINAL Lise, TREMBLAY Johanne, *Comment bâtir un réseau de contacts solides,* éd. Transcontinental, 2002.

CARNEGIE Dale, *Comment se faire des amis,* éd. Le Livre de Poche, 1990.

COLIGNON Gérard, *Comment leur dire : la Process Communication,* InterÉditions, 2002.

COVEY Stephen R., *Les 7 habitudes de ceux qui réussissent tout ce qu'ils entreprennent,* éd. First, 2001.

FISHER Donna, VILAS Sandy, *Power Networking : 59 Secrets for Personnal and Professional Success,* Bard Press, 2003.

FLIPPEN L. Edward, *Practical Networking,* 1st Book Library, 2001.

GLADWELL Malcolm, *Le point de bascule,* éd. Transcontinental, 2003.

GRANOVETTER Mark, *Getting a Job,* University of Chicago Press, 1995.

JOHNSON Spencer, *Qui a piqué mon fromage ?,* éd. Michel Lafon, 2003.

KRAMER Marc, *Power Networking,* VGM Career Horizons, 1998.

LAINÉ Sylvie, *Le relationnel utile,* éd. Demos, 2000.

LA HOSSERAYE (de) Bernard, *L'outplacement – Comment retrouver un emploi plus facilement… et plus rapidement,* Gualino éditeur, 1996.

MCCORMACK Mark., *Success Secrets,* William Collins, 1989.

MISNER R. Ivan, MORGAN Don, *Masters of Networking,* Bard Press, 2000.

PETERS Tom, *The Brand You 50,* Alfred A. Knopf, N.Y., 1999.

ROANE Susan, *How to Work a Room : The Ultimate Guide to Savvy Socializing and Networking,* Robson Books, 2003.

ROBBINS Anthony, *Pouvoir illimité,* éd. Robert Laffont, 1989.

SALMON Michael, *Supernetworking : Reach the Right People, Build your Career Network and Land Your Dream Job, Now,* Career Press, 2004.

SOULARD Marcel, *Mieux vivre une transition professionnelle,* Éditions d'Organisation, 1999.

SOULEZ Bettina, *Cultivez votre réseau !,* Éditions d'Organisation, 2005.

TULLIER L. Michelle, *Networking for Job Search and Career Success,* JIST Works, 2004.

VERLEY Régis, *J'ai l'esprit réseau,* Apec-Éditions d'Organisation, 2002.

WILSON F. Robert, *Executive Job Search Handbook,* Career Press, 2003.

Sélection d'articles

BLANC-SAHNOUN Pierre, « La chronique du coach », in *Le Figaro Entreprises,* 26 janvier 2004.

BOMMELAER Hervé, « La recherche d'emploi par le Réseau ne tolère pas l'amateurisme », in *RH & M,* avril 2005.

CALEF Michel (propos recueillis par PLASSART Philippe), « Le cadre de demain devra développer son propre réseau », in *Le Nouvel Économiste,* 20 novembre 2002.

GUINOCHET Fanny, « Mobiliser son réseau, le geste qui sauve », in *Le Figaro Entreprises,* 28 février 2005.

MIGRAINE Christiane, « Les adeptes du *Networking* », in *Courrier Cadres,* 24 mars 2005.

TRENTESAUX Jacques, « Nouveaux réseaux. Êtes-vous (bien) en ligne ? » in *L'Express*, 5 octobre 2006.

Index

G

H

J

L

M

N

O

P

Q

R

S

Composé par Istria

Dépôt légal : mai 2008
N° d'éditeur : 3485
IMPRIMÉ EN FRANCE

Achevé d'imprimer le 7 mai 2008
sur les presses de l'imprimerie «La Source d'Or»
63200 Marsat
Imprimeur n° 11994

Dans le cadre de sa politique de développement durable,
La Source d'Or a été référencée IMPRIM'VERT®
par son organisme consulaire de tutelle.
Cet ouvrage est imprimé - pour l'intérieur -
sur papier offset « Amber Graphic » 90 g
des papeteries Arctic Paper, dont les usines ont obtenu
la certification environnementale ISO 14001
et opèrent conformément aux normes E.C.F et E.M.A.S.